人少景美的100个
小资旅行地

樊文龙 著

四川人民出版社

图书在版编目(CIP)数据

人少景美的100个小资旅行地 / 樊文龙著. — 成都：四川人民出版社, 2017.12（2023.5重印）

（图说天下. 国家地理系列）

ISBN 978-7-220-10626-2

Ⅰ. ①人… Ⅱ. ①樊… Ⅲ. ①旅游指南－世界 Ⅳ. ①K919

中国版本图书馆CIP数据核字（2017）第310404号

REN SHAO JING MEI DE 100 GE XIAOZI LÜXING DI

人少景美的100个小资旅行地

樊文龙 著

责任编辑	陈 欣 邹 近
封面设计	段 瑶
版式设计	段 瑶
责任校对	王鲁琴
责任印制	李 剑

出版发行	四川人民出版社（成都市三色路238号）
网 址	http://www.scpph.com
E-mail	scrmcbs@sina.com
新浪微博	@四川人民出版社
微信公众号	四川人民出版社
发行部业务电话	（028）86361653 86361656
防盗版举报电话	（028）86361661
照 排	日知图书
印 刷	天津市光明印务有限公司
成品尺寸	170mm×240mm
印 张	14
字 数	260千字
版 次	2018年3月第1版
印 次	2023年5月第3次印刷
书 号	ISBN 978-7-220-10626-2-01
定 价	49.80元

前言

FOREWORD

当诗意的广角聚焦于远方的晴岚；当被拖曳住的心灵渴望翱翔；

当炫美的特效流连于彼岸的爱恨；当受束缚的你我有了一双翅膀；

当迷离的灯光串联出现实的光影；当遭桎梏的足尖化作一片天青色的翎羽；

沉湎于幻梦中的我们，终于决定，奔向蓝天，纵情呼吸。

有多少人是因为一部电影、一本书、一段音乐、一个故事而爱上一个地方的呢？

太多太多了，多得想数都数不清。

一花一世界，一景一天堂，每一部电影、每一首歌、每一页文字，都是一个世界。

无论这世界是光怪陆离、奇幻瑰丽的，是爱恨缠绵、诡谲狡诈的，是恢宏壮阔、出人意表的，还是甜蜜可爱、青春飞扬的，我们都愿意，更乐于去沉湎，因为，在那里，有着一个又一个我们永远都无法参与的故事。

有故事的地方，永远都最美，最浪漫。

繁花落尽有春归，艳阳凝处诗影离。或许，虚幻与现实中原就有一座最神奇的镜桥，桥左飞扬的是诗意，桥右眺望的是远方。行走在旅途，就若漫步于桥上，不经意间，总能与惊喜不期而遇。

如是这般，你还不愿与我一起展卷，共赴我们的唯美镜桥吗？

contents 目录

CHAPTER 1

爱是想要触碰却收回的手

CHAPTER 2

与君初相遇，余生皆欢喜

CHAPTER 3 爱自己是终生浪漫的开始

CHAPTER 4 人人都有一个武侠梦

CHAPTER 5 仁者乐山，智者爱水

CHAPTER 6

众生皆苦，你是草莓味

附录

Chapter 1

爱是想要触碰却收回的手

Copenhagen

有的爱情是要付出代价的——《海的女儿》

哥本哈根

若回眸的刹那，生命便在一片绯红中沉默地凋零，你可愿意，再次与他相遇？

若所谓的钟情，不过是碧海下一缕幻灭的无言，你可愿意，再次化鱼为人？

阿美琳堡的夕阳铺满了碧蓝的海滩，银白的沙潋滟了月光，安徒生的墓前爬满

❶王宫门口的卫兵 ❷老式马车在广场上缓缓而行

❸丹麦特色小吃巧克力燕麦条 ❹在橱窗前徜徉的男女

克里斯钦堡前的雕塑

了沧碧的藤萝，“海的女儿”却还唱着那首千年不变的爱情之歌。

谁说爱了就得相守，谁说恋了就要得到，纵使相逢应不识，有的时候，放手反而是一种成全。

她不是他的真爱，她却为了成全他的爱，幻作泡沫，重归碧海。

在很多人看来，她很傻，但，她该是幸福的吧，因为，他很幸福。

人常说，人鱼公主的故事就是一场理想的爱情幻梦，根本就不可能在现实中出现。是耶？非耶？或许，也唯有哥本哈根长堤里，那一尊守望着蔚蓝的人鱼雕像才能给我们答案。

记得有一个希腊画家将心中的梦幻城堡画成白色和灰色，一个个圆拱形的门将城池围起来，然后看见城堡的中央站着一个孤独的、低着头的小孩，好像是在拱形的洞里窥望，那可能是一幅画的一部分，抑或是在延续一个经久不息的童话。隔着厄勒海峡和瑞典重要海港马尔默遥遥相对，在丹麦西兰岛东部，这个小小的渔村在安徒生的城堡里，在海森堡和波尔的回忆里，在美人鱼遥远而深邃的传说里沉睡之后醒来，又睡去。

徜徉在哥本哈根街头，老城区里有许多古老的宫殿，其中最著名的是克里斯钦堡。它过去是国王的宫殿，谈不上富丽堂皇，也没有威武的士兵，甚至看门的老先生也在打盹儿。走进去，宛若置身在虚幻的仙境。在像东方古老的文明历史一样遥远的梦里，谁也没有想过所有的梦竟然是现实，这个童话和现实交织的城市，充满着活力和静寂。

在哥本哈根市政厅高105米的钟楼里，有一座机件复杂、制作精巧的天文钟，它是梦的起点。有人说，梦是圆的。但是哥本哈根的梦是一个跑道，起点在终点上，就像钟的建造人奥尔森的40年，梦醒了，又睡去。奥尔森告诉人们，一周有七天，每天都有不同的梦。

哥本哈根如潮的人流，穿梭的车辆，使古老的市区显得分外繁华。世界第一条步行街斯特洛伊艾在清晨有第一个行人出现的时候开始尽情地打扮自己，直到夕阳西下。在这里夕阳不是黄色的，也不是红色的，孩子说是梦的颜色。是的，画家永远也画不出来，只好在画布上涂满了灰色，在夕阳出现的地方抹一笔锌钛白。

安徒生在童话里将自己变成一个虚晃的幽灵，将城里的小王子和小动物们聚集在一起，然后进入一个没有人知晓的世界。这个时候画家该是在想怎么将画完成吧，是把他的梦延续，还是将所有的孩子藏在城堡后，让克里斯钦变得苍白、没有生气。

剧作《哥本哈根》中，德国科学家海森堡与丹麦科学家波尔及其夫人玛格瑞特的亡后灵魂的回忆与对话，使“哥本哈根会见”被三个幽灵演绎了四次，每一次都提出不同的可能性，展开对原子弹研制成功前后历史的审视。60多年过去了，哥本哈根依然如故，每一个置身其中的人，每一个从哥本哈根走出来的人都像经历了一个轮回，奥尔森的大钟转了整整一圈，沉睡了，然后又醒了。但海森堡究竟跟波尔说了什么，他们的亡魂无法说清楚，梦此刻陷入沉醉。

梦的彼端，美人鱼静静地坐在海边，背对着一望无垠的大海，后来变成泡沫消失在大海中，谁也不知道后来的故事是什么样。

正如郭沫若先生在游遍北欧诸国之后曾形容的那样：“五月晴光照太清，四郎岛上话牛耕；樱花吐艳梨花素，泉水喷去海水平。湾畔人鱼疑入梦，馆中雕塑浑如生；北欧风物今观遍，民情最美数丹京。”哥本哈根，那些写历史的人进入这个古老、忧郁和沉睡的城市，总是踟蹰：找不到昨天，感受不到今天，也看不见明天。因为无法预知，于是童话告一段落，梦也告一段落。

此刻，哥本哈根又睡去了，下次醒来的时候，将会交织在梦与醒的新起点。

小美人鱼铜像

▲ 从高处俯瞰的穆罕默德五世广场和整个城市

Casablanca

偏偏是你，走入我心——《卡萨布兰卡》

卡萨布兰卡

如果多一张通行证，你愿不愿意和我一起走？如果彼此重逢，不过是一场错误的遇见，你愿不愿意再次与我相见？

漫漫战火卷着硝烟，卡萨布兰卡机场，转身而去的里克用决绝谱写了一场血色的浪漫。

他原可以孤身赴异国，在美利坚的土地上收获一片安然，但他放弃了，他把通行证送给了她，同时送出的还有一世的静好与美满。

只为，曾经爱过她；现在，还爱着她，哪怕，她已经是别人的妻。

每一次看《卡萨布兰卡》都忍不住泪流满面，每一次看到里克决然而去的身影亦忍不住想要唤住他。所以，在一个细雨迷蒙的黄昏，终于还是邂逅了卡萨布兰卡，不为其他，只想，在花开半夏时，将那最深情的背影留住……

摩洛哥，一个遥远而陌生的国度，也许你很少听人提到它，也不清楚它究竟在世界的哪方角落，但是卡萨布兰卡这个名字，却经常在你的脑海中回响。即使你从没去过那里，但是这个名字，也能勾起你的许多情思。

卡萨布兰卡，摩洛哥城市达尔贝达的旧名，是西班牙人送这座城市的名字。也许是因为Casablanca这个单词韵律婉转，单单是念出这个名字，就会令人心中百转千回，它本来的名字反倒渐渐地被世人遗忘了。

卡萨布兰卡坐落在中世纪古城安法遗址上，安法古城于15世纪被葡萄牙殖民者破坏，15世纪下半叶，葡萄牙殖民者将此地彻底占领，并将其夷为平地。葡萄牙殖民者走后，摩洛哥国王西迪·穆罕默德·阿卜达拉赫于18世纪中叶下令，在原安法古城的遗址上修建一座全新的城市，并将其命名为达尔贝达。

在阿拉伯语里，“达尔贝达”为“白色的房子”之意。不知这座城市是因为白色的建筑而得名，还是因为先有名字而有了越来越多的白色房子，整座城市自诞生之时，洁白就成了它的主色调。在辽阔蔚蓝的海洋辉映下，达尔贝达成了大西洋岸边一抹淡雅多姿的景象。

18世纪末，西班牙人渡海来到这里，当他们初次见到这座海岸边的珍珠城市之后，将其更名为“卡萨布兰卡”，“卡萨”意为白色，“布兰卡”意为房子、宫殿。卡萨布兰卡在西班牙语中同样是“白色的房子”的意思。

20世纪初，法国殖民者代替了西班牙殖民者，成为卡萨布兰卡新的不速之客。法国人在卡萨布兰卡进行殖民统治期间，不仅在这里修建起了现代化的海港、精美的天主教堂，同时还给这座北非城市带来了旧欧洲的优雅和法兰西的浪漫。一时间，卡萨布兰卡有了“北非巴黎”的美称。

时至今日，摩洛哥早已独立多年，但是卡萨布兰卡的城市布局依旧保持了当年的模样，它以联合国广场、穆罕默德五世广场、胜利广场等几个点为中心，宽阔平直的林荫大道从市中心向外辐射，与巴黎如出一辙。

既然卡萨布兰卡名为“白色的房子”，这里的建筑不论是那些历史留下的遗迹，还是现代人的杰作，都以白色调为主。漫步在卡

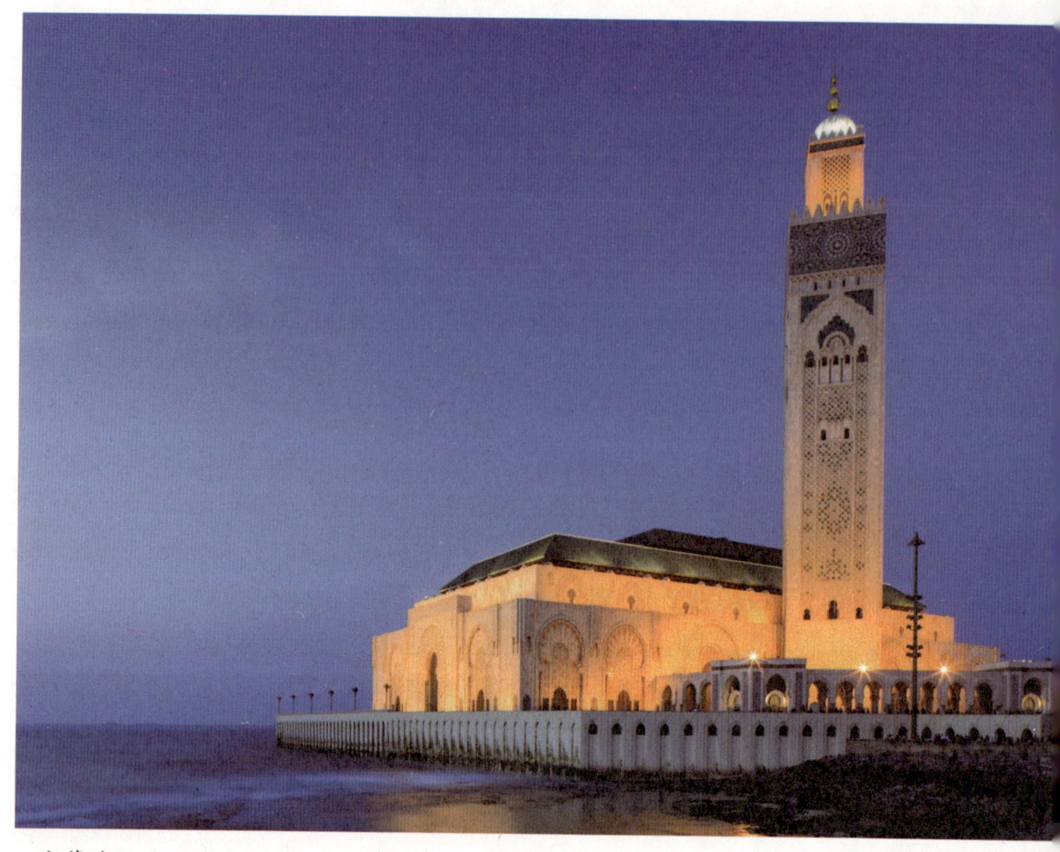

▲夜幕降临时，温暖的灯光点亮了夜色，这时的卡萨布兰卡温柔、娴静，美得不可言说。

萨布兰卡的大街小巷，阳台上的铸铁栏杆，线条温柔缱绻，玻璃映射着澄净的阳光；一株株高大的棕榈树下是白色围墙围成的院落，自有一番独特的精致与浪漫。

卡萨布兰卡市中心联合国广场的北面，与广场仅仅一墙之隔，却别有一番天地。这里全然不是旧殖民地的欧洲风情，与英格丽·褒曼的好莱坞黑白电影里的卡萨布兰卡更是截然不同。

这里街巷狭窄曲折，宛如迷宫；叫卖声四起的集市里面，土著柏柏尔男男女女穿着传统长袍行走其间。唯有鳞次栉比的，同样粉刷成耀眼的白色的砖房，让人意识到这里依旧是卡萨布兰卡。

这片容易被人遗忘的窄窄的老旧城区里，隐藏着最地道的摩洛哥餐馆。漫步于此，无须刻意寻找，只要一到午餐时间，循着浓郁的辛辣香气而去，肯定不会让你失望。这种独特的辛辣香气来自摩洛哥当地的特色美食，它由当地盛产的粗粒小麦面粉，和以杜松子、月桂叶、橄榄油、各类干果，外加鸡汤、牛羊肉、土豆、胡萝卜以及各类香料，共同烹制而成。

▲ 卡萨布兰卡的酒吧

这样一顿充满异域风情的美食，起码要两小时才能做好，所以如果你想一品其味的话，最好向餐馆提前预订。下罢订单之后，可先在老城区的街巷里闲看风景，待腿累了、脚乏了，再折回去，这时候一顿热腾腾、香喷喷的当地大餐正等着你大快朵颐。

酒足饭饱之后，重又恢复了精力的你，不妨沿着老旧的城区继续向北走，一直走到海边，驻足远望烟波浩渺的大西洋，便能看见卡萨布兰卡的地标——哈桑二世清真寺。

如果你是乘船抵达卡萨布兰卡，从海上便能远远望见哈桑二世清真寺高耸而笔直的主塔。这座方形建筑高度接近200米，远远超过埃及胡夫金字塔以及罗马圣彼得大教堂的高度，堪称宗教建筑之最。除了高大醒目的主塔外，哈桑清真寺还拥有一座可以容纳2.5万名信众同时做礼拜的大殿。

有趣的是，哈桑二世清真寺作为摩洛哥的骄傲，其设计者却是一

▲哈桑二世清真寺内部

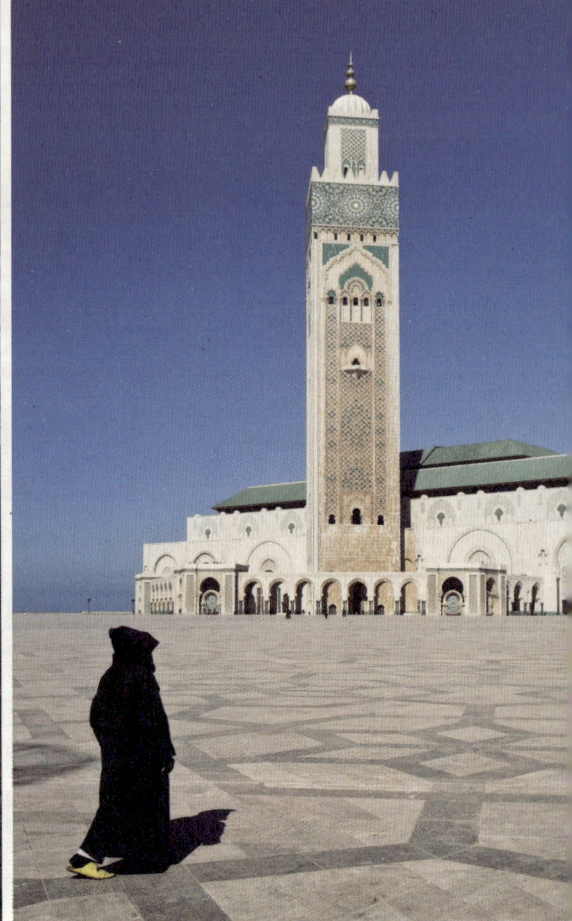

▲哈桑二世清真寺外景

名外国人——法国建筑师米歇尔·朋索。朋索的设计既充分彰显了伊斯兰教元素，又融合了摩尔人与柏柏尔人的传统艺术，同时也不排斥现代科技。例如，礼拜大殿的天顶，便是一个由电脑控制开合的巨大天窗。

距卡萨布兰卡城北20多千米处的穆罕默德亚海滩，是另一处让游客们向往的所在。海滩一带建有宾馆、饭店以及各种娱乐设施，它们都掩映在一排排整齐而高大的棕榈树和橘子树下。

远处海沙洁白宛若新雪，海水澄碧好似琉璃，海风轻拂如同恋人的触碰，无论是游泳、划船、钓鱼，还是享受日光浴和沙浴，这片海滩都是绝佳的选择。每到傍晚，人们可以漫步在海边的大道上，在这儿欣赏夕阳西斜，渐渐沉入浩瀚无垠的大西洋。

当大西洋波澜不惊时，卡萨布兰卡的海滨像一位温柔慵懒的少女，放眼望去，阳光下细浪泛起贝壳色的泡沫，轻轻地拂过沙滩。随着夜色渐浓，海浪唱着轻快的歌谣越退越远，沙滩上露出白色、褐

卡萨布兰卡海滨

▲穆罕默德亚海滩

色、深黄色的石头。海面上的船只，燃起星星点点的灯火，坐在岸边的长椅上望去，分不清哪些是天上的星光，哪些是海上的灯火。

只是，卡萨布兰卡早已不复是那个时代熙熙攘攘的不夜之城，“伊莉莎”“里克”们已成为远去的回

忆。只有在联合国广场的一角，还保留着一块旧时代的小小“绿洲”。那里有家“卡萨布兰卡”主题酒吧，装潢与陈设都仿照里克酒馆，墙上挂满了《卡萨布兰卡》的海报和剧照，吧台上方悬着一架和电影里一模一样的螺旋桨飞机的模型。

这样静谧的夜晚，关上身后的门，仿佛便能忘记时光之流转，当酒馆里再次奏响起那熟悉的旋律时，亦幻亦真的场景又一次在眼前播放、倒带、回放。灯影里，你手捧鸡尾酒跟邻桌那位和你一样的旅人举杯、微笑。达尔贝达，今夜请将我遗忘。

旅行：印象

卡萨布兰卡花

因为卡萨布兰卡的故事广为传播，世间还有一种花，以卡萨布兰卡为名，它是百合中的一种，其纯白的花瓣总是开得那么矜持高傲；它甜甜的香味，毫不做作，不见有丝毫隐藏。它是世上最美的百合花，而在希腊神话中，百合是悲剧之花。

卡萨布兰卡花有八种花语：伟大的爱；一种充满回忆的花；象征淡泊的永恒；易变的心；不要放弃一个你深爱着的人；死亡，厌世的花；永恒的美；负担不起的爱。

Daocheng

我们在同一时区，却总有时差——《从你的全世界路过》

稻城

向阳花未开，月影独流连，没有你的地方，都是他乡，除了稻城。陈末说：“一定要和最心爱的人，一起去稻城，在稻城冰雪融化的早晨，在布满星辰斑斓的黄昏。”但他最心爱的人是谁呢？是幺鸡吗？如果是，为什么路过了她的全世界，他依旧不懂她？如果不是，那个人又是谁？

他和她处在同一时区，却总有时差；他和她谈着同一场恋爱，却仍是错过。或许，这才是他们的爱情最正确的打开方式；又或许，因为早将深爱沉落在了稻城最烂漫的阳光里、最剔透的海子中，所以，也唯有在这世间最后一片净土上，他和她才能忘情相拥。

▼白云下的雪山，雪山下的林木，亚丁用它自己的语言亮丽于世。

▲亚丁的秋天，透出灿灿的美。

在川西的大地上，有这样一个神奇的地方，那里有雪山，有湖泊，有草地，有着你能想象的各种美，而且天堂里有的颜色，在这里你都可以看见。这个地方就是稻城。

稻城，古名“稻坝”， 位于四川西南边缘，甘孜藏族自治州南部，在藏语中是“山谷沟口、开阔之地”的意思。

亚丁位于稻城香格里拉镇，是我国保存最完整的一处生态系统，被誉为“地球上的最后一片净土”。亚丁地处高原，境内最高海拔6032米，最低海拔2900米，东接凉山彝族自治州木里藏族自治县，西临云南的香格里拉，是由贡嘎雪山和海子山组成的绝美之地。海子山是喜马拉雅山造山运动留给人类的礼物，在这片方圆3000多平方千米的大地上，嶙峋怪石与大小海子星罗棋布，仿佛是天使与魔鬼战斗后的猎场，有着恣意张狂的任性，也有着温和如玉般的美丽。

在海子山叠叠层层的山体中，1145个高山湖泊就如上帝失手撒下的钻石般闪烁其间，它们碧蓝如玉，晶莹剔透，静静地散发着一种纯净的气息。湖边石畔偶尔有毛茸茸的小草和不知名的小花摇曳着，显示着生命的美丽。

或许对于美丽的亚丁而言，海子山永远只能是路边的风景，但就

▲“放马天山”在这里成了“放马亚丁”，而你一定会被这里的美丽征服。

是这些匆匆的目光、浅浅的脚印，留给了海子山最深沉的记忆。一个人的心灵能走多远，能飞多高，来到海子山，你就会明白……

在稻城，青杨是一道美丽的风景。或许是由于稻城的海拔太高，这里很少看见其他的树林，除了青杨。在这里，你不必刻意寻找，公路上，小河边，放眼望去，视线所能及的范围都种满了大大小小的青杨，每一株看起来都那么的讨人喜爱，枝叶永远是积极向上伸展着，不需修整也整齐紧密，远远望去，就像是身着彩裙的亭亭少女，有着一种欲语还羞的韵味。如果你是秋天来这里，那你欣赏到的绝对会是另一番景象。笔直的树丛中，一片片的黄叶如蝴蝶般飞舞，而那些未落的半绿带黄的枝叶，则在微风中轻轻招手，像是在与姐妹告别，又像轻轻细语，诉说着叶落后的美丽。

秋日的稻城，美丽的不仅是青杨林，还有著名的红草地。红草地位于桑堆至稻城的公路旁边，距稻城县城金珠镇28千米。如果不是秋天，很难想象这里的美丽，沿着柏油路两旁是宽阔的牧场，远处山峦起伏，溪流平缓，偶尔有牧人、牛羊群点缀其间，散发着一股宁静祥和的气息。然而，到了金秋十月，这里便像一片火海，水草仿佛在一夜之间被点燃，一团团、一簇簇极为张扬地铺向水中，彰显那种最为艳丽的深红。

如果是雨后初晴，阳光柔和明媚，红草地又别有一番风味。红草地并不大，生长在水中的红草，稀疏得像灌木枝般扎根在盈盈水中，映着雨后的阳光，淡淡地散发着紫色的气息，美得那么妖艳，那么多姿多彩。站在红草地的边沿向远方望去，不禁感叹，这是怎样的一种色彩组合呀！蓝色的天，白色的云，淡青色的大山间隐藏着小村庄，村庄前是辽阔的有些枯黄的牧场，牧场中，几头悠闲的牛在吃草，水边有黄绿相间的青杨树，红色的草，即使是最出色的画家也无法画出如此绝美的画面吧。但自然的神奇就在这里，它把这些丰富的色彩，如此恰到好处地组合在一起，让你举起镜头就是一幅幅最美妙的色彩画卷。

如果说海子山的美丽是幽密，红草地的美是绚烂，那么亚丁的美丽便是纯净，是能揭开你尘封记忆的净土。亚丁是三座神山的故乡，在稻城人的眼中，仙乃日山就如观世音菩萨那般慈祥，平坦的峰顶就像一只神奇的雄鹰，庇护着稻城的人们。

亚丁有一股神秘的力量，听说很多人到了这里，看到了仙乃日，都会泪流满面。人们相信，那就是神山的力量。而没有登上山顶的人，也愿在山顶积雪融化成的纯净的小溪中，掬一口溪水，让仙乃日的纯净，洗去尘世的污浊与烦恼。珍珠海掩映在仙乃日山下的松林中，碧绿的海子，倒映着如同观世音菩萨般慈祥的仙乃日，就像菩萨裙上的玉石，闪烁着迷人而宁静的光彩。

在仙乃日雪峰的脚下，还有一座冲古寺。传说，当年高僧却杰贡觉加错为了终身供奉神山，弘扬佛法，在此修建寺庙。不料在修建寺庙时却触怒了雪山上的神灵，于是灾祸降临四周百姓，麻风病流行。却杰贡觉加错知道后，便终日念经祈福，祈求神灵降灾于自己，免除百姓之灾。后来，他的精神感动了神灵，百姓平安，他却身患麻风病圆寂。如今那段曲折而动人的历史早已远去，然而，却杰贡觉加错的灵骨却始终在这里，保佑着四周百姓的平安。

稻城的旅行，带给你的不是惊艳的美丽，它没有九寨黄龙那样色彩斑斓，也没有内蒙古草原那样广袤，甚至连长白山上的枫叶也比她惊艳，但只要想起那些静谧而安静的海子，那片红艳似火的草地，还有那里的湛湛蓝天，你就会发现，稻城就像通向天堂的一条路，让你“眼睛在天堂”。

度假便利贴

红草地旅游：红草地是稻城美景中最精彩的华章，吸引着很多人慕名而来。然而，想观赏红草地的人要注意了，红草地季节性很强，一般从9月底开始变红，到10月达到鼎盛，此时红草似火，是观赏的最佳时机。到了10月底，红草便渐渐褪去了火艳的颜色，开始枯萎，而11月份，便消失不见了。所以如果想去红草地，一定要赶巧哦。

Kenya

你不是归人，是个过客——《走出非洲》

肯尼亚

一厢情愿的逢场作戏，从不是爱情的应有之义，两情相悦之后的心心相印，才是真正的甜蜜。

曾经，凯伦以为布里克森就是她的良人，但当辽阔壮美的马赛马拉大草原成全了他与她的邂逅，她知道自己错了，大错特错。

浪漫的相遇，惊险的探秘，猎场的悠扬，驰骋的英姿，咖啡园里宁静地偎依，骏马背上豪放地相拥，他给了她所向往的一切，从他的眼中，她看到了伊甸在人间的倒影。虽然，最后一场意外让她永远都再没机会走进他的世界，但又有什么关系呢？她从不是归人，而是过客。她眷恋，她失落，她远离，但其实，她已经路过了他的全世界。

《走出非洲》自1985年上映至今，便拨动了万千女性心中最浪漫的梦，或许，我们的生命中没有邓尼斯，但跟随着《走出非洲》的镜头，尽情领略那让凯伦魂牵梦萦了一生却再也不愿踏足的壮美之地，却无疑是一个绝妙的选择，不是吗？

▲长颈鹿在旱季来临时开始迁徙

肯尼亚可能是赤道附近最美丽的国家之一。正如这里的烈日骄阳，肯尼亚从不懂得羞涩与遮掩，总是肆无忌惮地坦露身体的每一处肌肤——它美，便美得理直气壮、坦坦荡荡，像乞力马扎罗雪山一般，纵使在积雪与烈日、在冰与火的双重考验下依旧昂首矗立永不低头；它痛，便痛得撕心裂肺、刻骨铭心，像东非大裂谷一般，任上帝之剑在地球表面划下一道最深的伤痕。

▲图尔卡纳湖畔形态奇特的蜥蜴

钟情这片土地，注定会钟情这种干干脆脆的美。

深入肯尼亚会有种错觉：非洲土地上的美景似乎在这里有个交集，这交集将赤道附近的雄浑与壮美、沧桑与积淀、柔媚与鲜活、伤痛与荣耀全部凝于一山、一水、一谷、一林。

这山是指乞力马扎罗雪山。乞力马扎罗海拔5895米，是赤道附近唯一一座海拔超过3000米的雪峰，它虽然位于坦桑尼亚境内，最佳观景点却在肯尼亚境内的安博塞利国家公园。站在这里，当阳光铺设出晴空万里，优雅的长颈鹿、跳跃的羚羊与健壮的大象忙于啃食，青青碧野的上方悬空处，会无声无息、突如梦幻般地现出雪山那座独特的方形峰顶。像平地之巅上矗立的空中楼阁，那耀眼的雪峰恍若从另一个世界飘移而来，圣洁又光明，雄奇又神秘，如果没有云彩的流动，没有奔跑的动物，没有摇曳的枝叶，你甚至会幻想自己也许伸出手就能真真切切地触摸到它——乞力马扎罗，恰如它的名字所言，这是一座“闪闪发光”的“光明之山”。

这水是指蒙巴萨海滨。能让粗犷野性的肯尼亚展现柔媚的机会并不多，蒙巴萨海滨便是其中一地。这里浪平滩阔，水清沙幼，明净澄澈的海水能将水草的丝丝脉络都映照出来，远处碧海蓝天与点点白帆相映成趣，姿态妖娆的各国美女们在海滩上往来嬉戏，最稀奇的是居然能经常见到三五峰披红挂绿的白骆驼。如果转到另一处海滩，还能看到几根嶙峋如山的古木枯枝，它们的枯硬与坚挺，将水的柔媚与清凉全部反衬出来。当金阳夕照，绿色椰林微微摇曳，银色海面上几只归船正扯下帆布，当眼前一波又一波温情脉脉的海水荡漾而近时，哪位游客不想投身其中鲜活一次呢?

▲ 一望无际的原野和蓝天

这谷是指东非大裂谷。它是世界大陆上最大的断裂带，其长度相当于地球周长的六分之一，人们也称其为“地球上最大的伤痕”。从高处望远，这条伤痕谷地景色壮观，气势磅礴，有葱茏林木、翩飞禽鸟，有漫漫荒草、嶙峋怪石，有高峻雪峰、晶莹冰川，有辽阔碧野、秀丽湖泊，似乎是上帝为了弥补自己的“过错”，特意又留下了无数美景。

这林其实是指建在树林上的树顶旅馆。奇特的树顶旅馆位于阿伯德尔国家公园东部，由一位定居肯尼亚的英国军官于1932年在几棵巨大的无花果树顶上搭建而成，最初只有三间卧室、一间餐室和一个狩猎室。1952年2月，当时英国的伊丽莎白公主来此游览时住进了“树顶”，可在当天晚上，她父亲乔治六世辞世，英国王室随即宣布由伊丽莎白公主即位。于是第二天一早，公主赶紧乘机飞回伦敦登基，成为新一代女王。这便是“上树是公主，下树是女王”的传奇故事。

“树顶登基”一事让树顶旅馆一夜成名，现在这处旅馆经过多次扩建已经可以容纳百人食宿。每近黄昏时分，“登顶”的游客站在旅馆大平台上，可以俯瞰到许多野生禽鸟来到下方的水塘边悠然饮水，成群的大象还会依照惯例来到饭店楼下品尝早就准备好的美味。然而，来此观光的有些游客并非只为了单纯欣赏野林情趣，他们心底还怀有一丝浅浅的渴望，渴望住进树顶旅馆，渴望能改变自己一生的命运。

就像初临此地急于宣泄情感的旅游者，一山、一水、一谷、一林将肯尼亚风情浓浓淡淡地涂抹出来。谁若有幸游览这片神奇的土地，那就努力释放终日闭塞在城市钢筋混凝土里的呼喊与梦想吧，热烈而狂野的肯尼亚会令每一位钟情于它的游客情愿忘记那个世界，迷失在这里。

旅行·印象

肯尼亚的旅游旺季在7月到9月以及12月到次年3月。肯尼亚昼夜温差大，需准备不同厚度衣物，驱蚊水也是必不可少，同时日照比较强烈，需做好防晒。肯尼亚是“小费国家”，请记得随身携带零钱。

乞力马扎罗山

Hokkaido

你好吗？我很好——《情书》

北海道

你好吗？我很好！一封寄往天国的情书，意外地牵扯出了太多的爱恨与缠绵。渡边博子爱得执着，藤井树则恋得简单，一次不期然的相遇，在多年之后，却化作了一场纷纷扬扬的雪，洒落在小樽运河畔，洒落在天狗山巅，洒落在充满了日式风情的花纸伞上。

当爱已成过往，爱恨何须多言。

或许，对渡边博子而言，藤井只是心中那个不解的结；或许，藤井真正的挚爱也从来不是渡边，但那又如何呢？爱过，恋过，付出过，收获过，便足够了！

最美的时光，是路上；最美的《情书》，是陪伴，是相守。初雪飘落的日子，若心有所系，便任性一把吧，在最美的日子里，带着他（她）邂逅北海道，也邂逅《情书》中那最美的明月光。

来到北海道，你会发现造物主真的偏心，否则就不会让它如此之美。

每一个人的心中都有一个浪漫的梦，而北海道就是这样一个满足大家浪漫梦想的地方，这里有唯美的花海、宁静的乡野和深邃的大海……春天的时候，北海道的美色彩斑斓。而夏天的时候，它又成了东方的普罗旺斯，成片的薰衣草花田一片紫韵，向日葵花田一片阳光，美得香气扑鼻。到了冬天，漫天的雪花给北海道带来了北国风光，又是另一种风韵的美。

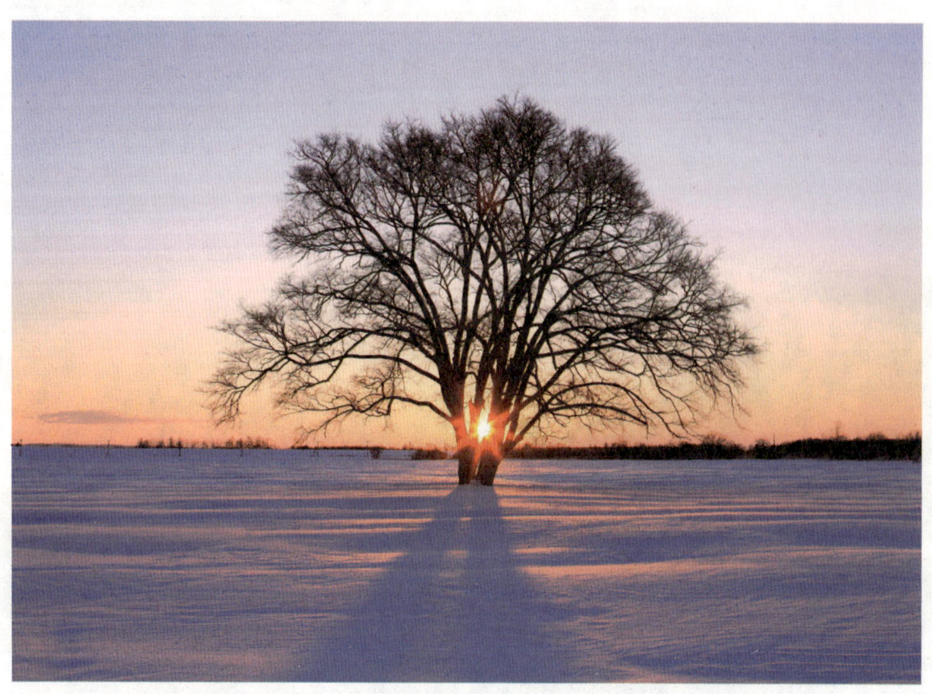

▲在北海道，最本色纯粹的季节就是冬天，放眼望去，银装素裹，洁白美丽，但是并不会冷得刺骨，而是风柔雪软。

曾获得诺贝尔文学奖的川端康成在其著名作品《雪国》的开篇中写下了经典句子：穿过县界长长的隧道，便是雪国。夜空下一片白茫茫，火车在信号灯前停了下来。

北海道是一个从11月份就开始雪花飘飞的地方，但要等到真正的大雪降临，则要在12月到2月份之间，而且雪会一直下到4月或5月才渐渐停下来。所以有人说“北海道一年倒有半年雪”，真是一点都不夸张。

北海道，位于日本最北端，是日本一级行政区。此地西临太平洋，南濒太平洋，东北濒鄂霍次克海，西南以津轻海峡与本州毗邻，北隔拉彼鲁兹海峡与库页岛相望，是与两峡相邻的战略要地，素来有“日本北门锁钥”之称。

北海道的地势中部高、四周低，中部有山地，所以地形起伏较大，周围则是广阔的平地。这里的森林覆盖面积占据总面积的70%以上，而且人口密度很低，全年气候寒冷，冬季尤其漫长。

作为日本的旅游胜地，北海道也是日本的粮食基地。牛乳产量居日本前列，捕鱼量位于日本首位，同时北海道还是日本重要的煤炭产地。

北海道的首府札幌以迷人的雪景闻名于世，冬天是游览北海道的最佳季节，因为一年一度的北海道国际冰雪节都会在每年2月上旬举办。每当这个时候，全国的高手都会云集于此，各展身手，呈现最杰出的冰雕艺术杰作。

▲北海道的冬天是最纯粹的。

作为首府的札幌位于北海道石狩平原，横跨丰平川。这个城市有4条地铁线，电车和交通网络四通八达，分布很广，出行非常方便。位于札幌市中心的大通公园东邻电视塔，西靠山区的秀丽风光，而且距离札幌计时台钟塔和国际交流中心也很近，是游客必去的地方。这里一年四季都非常美，而到了冬天，整个城市都处于一片雪白之中，充满了浓郁的北国风味。

除了札幌，富良野与小樽也是北海道闻名于世的旅游胜地，富良野四季都有绚烂多彩的风光，春天到处都盛开着观音莲，夏天则有芬芳的薰衣草，到了秋冬时节，你能欣赏到满山的红叶与晶莹的水珠。而位于北海道西南部的小樽则富有欧洲浪漫气息。

北海道的雪别具特色，因此也出现在很多日本小说家和艺术家的作品之中。明治十八年（1885），小说家幸田露伴写出了第一部关于北海道大雪的小说《突贯纪行》。此后，岩野泡鸣的《放浪》、长田干彦的《零落》、国木田独步的《空知川的岸边》、德富芦花的《寄生木》等作品，都对北海道的大雪做出了细致的描述，也让人们更加深刻地认识了这个地方。

札幌每年2月初举行的国际冰雪节不仅是一次闻名遐迩的活动，更是一次北海道雪文化的盛宴。在冰雪节期间，高达15米的大型雪雕和市民随意制作的小雪雕一起展出，星罗棋布地出现在街头，各式各样的

▲ 札幌国际冰雪节上的雪雕作品

人物、建筑都出现在蔚蓝的天空下，显得纯洁而又壮观。到了夜晚，灯光映照着精美的雪雕作品，又呈现出不一样的美景。札幌每年平均降雪量可以达到480厘米，是世界各大城市之中所罕见的。为了应对大雪，政府每年都会划出一笔150亿日元的名为“雪对策”的经费，让全市每个人都可以领取8200日元的除雪费，帮助政府清除积雪。但是札幌市民却并没有将雪当作负担，他们在雪中愉快地玩耍，享受着大自然的赐予。

在雪国，还有一项独具日本特色的活动，那就是在大雪纷飞之中泡温泉，体验“冰火交融”的独特感受，这也是北海道雪文化的精髓所在。以“深山密汤”而远近驰名的北海道温泉，有许多供游人享用的温泉池。温泉之乡涌出的泉水，顺着地势垂直流下来，“汤烟”袅袅升起，给人一种如临仙境般的缥缈感觉。在温泉之中看着飘然而落的雪花缓缓飞入飘摇升起的热气里，透过湿润的薄雾看着水墨画一样的远山风景，简直让人沉醉不已。

在北海道的民间传说中，冰雪是雪姬仙女的华衣。瑰丽的雪景让北海道变成了一个银装素裹的世界，无论何处都透着晶莹。隆冬时节，走在北海道的大街上，一地新雪衬得心头一片空灵。乘坐小樽筑港的缆车，穿梭在平静的港湾，就连电影里也无法完全呈现它的美。

雪山是北海道雪景中最重要的组成部分，也是最有神韵的部分。在下雪天去爬山，更是别具一番滋味，随着脚步的不断向前，天、地、山、雪，茫茫地连成一片，身处其中，人就仿佛被裹进了一个混沌世界，在万籁俱寂中心神也静到极点，单纯得无知无觉、无欲无求。

在北海道东部，有一个神秘的火山口湖，被当地人称为阿寒湖。阿寒湖位于阿寒山岳顶端，湖水深45米，在湖畔居住着日本唯一的少数民族——阿依努人。这个民族是日本最早的民族，他们认为自己是“天上的人”，是天神派遣到人间的使者。

阿依努人面貌类似欧洲人，服饰穿着与极北地区的部族类似，在文化上却又和大洋洲的土著文化有很多共同点，

▲札幌国际冰雪节上，在用雪雕刻而成的宫殿前面，游客驻足观赏。

▲日本的阿依努人

这种奇怪的现象至今仍是人类学家一个难解的谜。

居住在阿寒湖畔，与雪山和冰湖相伴，阿依努人对雪有一种天生的钟情。当冬天来临的时候，阿寒湖结出一层厚厚的冰块，他们会和游客一起参加烟花大会，一起感受冬日里的喜悦。除此之外，阿依努人保留下来的传统庆典仪式也可以让游客参与其中，“点火把祈福仪式”“熊祭”等阿依努民族盛典都是来到这里的游客不可错过的节目。

▲**启园**

俗称席家花园，席氏为纪念其祖上在此迎候康熙皇帝而建，为江南少有的山麓湖滨园林。

 *Dongshan*

我遇见你，是最美的意外——《橘子红了》

东山

若你将自己踩进了尘埃里，却依旧换不来他的软语温存，你可愿继续为他卑微？

若你无怨无悔地恋了一辈子，甚至不惜忍着将心撕裂的痛，为他另觅新欢，换来的不过是他的决绝与背叛，你可愿继续为他逆来顺受？

爱是流水，不是樊笼，固执地守望一个方向，看到的便永远都是暗淡，微微转头，却是一地斑斓，半山红遍。

仲秋时节，《橘子红了》中秀禾与大太太也在抗争之后分别收获了自己的幸福。曾经的种种，我们无法见证，但在细雨斜阳应犹在的黄昏，邂逅东山，邂逅陆巷古村幽静的大宅，邂逅三山岛上那一片无垠碧色中的橘园，却也是一种别样的浪漫。

潜意识里一直有一种意念，逛古镇一定要有小雨相伴，还要有清风相随。不过，若没有小雨，东山也不会让你失望的。也许是它太美了，不需要那种刻意为之的氛围。

乘车环公路转一圈可以走马观花地看看雕花大楼、紫金庵等几座建筑，但要游赏明善堂和轩辕宫就不同了。它们坐落在小河边的一条一人宽的弄堂里，小巷七弯八拐，幽深无比。轩辕宫是一栋全是用木头做成的房子，是为祭奠伍子胥而建的。宫内的摆设十分古朴，一进去就看到与兵马俑一样颜色的灰色土物。东山当地居民会主动陪游客参观并为游客讲解。

走出轩辕宫，定神看去，周围的居民慢悠悠地料理日常，丝毫不理会一个个欣喜异常的游客，孩子们也会天真烂漫地在游人间嬉闹穿梭游戏。有时候，一家农户门板上会横着一只肥猫，只管眯着碧眼，任好奇的游人凑近了给它拍照，而没有任何逃避的意思。

▲ 巷子里的民居

古朴幽深的巷子，斑驳的马头墙，午后慵懒的阳光……旧日的辉煌渐行渐远，人们依然安静地过着平凡的日子。

走饿了，就随意在路边的饭馆坐下来，品品正宗的“太湖水产”。饭后继续上路，有幸的话，会遇到当地有名的台阁赛会，这原本是每年春暖花开的三四月才会有的活动，但是，现在每到旅游旺季的时候都会举行这样的活动供游人欣赏。这种赛会实际上是戏剧表演和杂耍的结合。主角是一男一女两个小孩子，舞台是一上一下两把吊椅，吊椅固定在一个台阁上，由四个壮汉抬着。主角随着鼓点，边走边演，随着一阵阵锣鼓响起，一只只台阁鱼贯而入。台阁旁边还有一些人，他们擎着长竿，一边护卫台上的孩子，一边用长竿把瓜果、零食递给他们，以示犒劳，总有调皮的孩子把零食抛向人群，引起一阵阵骚动。

Scottish Highlands

不是每个人都真正地活过——《勇敢的心》

苏格兰高地

深蓝色的尼斯湖氤氲着紫色的天空，隽美的本尼维斯巍峨的是罗蒙湖的深情，苏格兰高地上，如泣如诉的风笛永远都回旋在风中。

《勇敢的心》歌颂的是铁汉的柔情，威廉·华莱士是苏格兰永远的英雄。但，若能一世静好，谁愿颠沛流离？若能平安喜乐，谁又愿成为悲情的英雄？华莱士是那样深情地爱着梅伦，但，梅伦却死于兵锋。

▲苏格兰山岳地带，高山映照着湖水，树木青葱，硬朗中夹杂着柔情，苍茫中也伴着些许浪漫。

揭竿而起不是意外，情深不寿却是感伤。

爱丁堡内，绞刑架下，斑斑血迹耀着斜阳，临刑前，那一声慷慨悲凉的“freedom”惊了长空，卷了罡风。今日，迎着罡风登临高地，我们或许碰不到自己的“华莱士”，但威廉要塞中，天空石阵里，氤氲的却永远都是呐喊背后的深情，沐此情深，此行便已不枉。

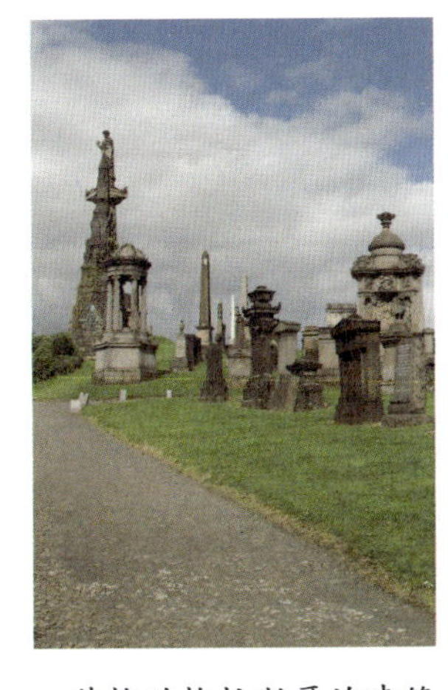

▲苏格兰格拉斯哥的建筑造型，有着维多利亚女王时代的风格。

从冰河世纪穿越而来的海风，如同一双温柔的手，抚摸着高地上童话般的世界。

深绿色的草原与镶嵌在天边的粉红色云朵相呼应，在苍茫的大地上，苏格兰湖泊如同一颗颗明珠，时时映照着变幻莫测的苍穹。当秋日来临，寂静而又壮阔的苏格兰高地上传来如泣如诉的风笛声，舒缓起伏，苍凉而又坚韧，恰如苏格兰民族那永不磨灭的诗意灵魂。

在欧洲，你很难再找到像苏格兰高地这样的荒原了。当你穿过了梦幻一样的罗蒙湖和翡翠一般的山坡，进入到荒凉苍郁的苏格兰高地，一定会被它独特的原始气质所震撼。

远离现代文明的浸润，苏格兰高地的西北侧有苏格兰最高的山峰本尼维斯山和神秘的古城威廉堡，而洛恩湾就像是不舍离去的一双手，远远地伸向了内陆。由于极地气候的独特影响，让苏格兰高地既获得了蓝色海风温柔的抚慰，又拥有了瑰丽又变幻莫测的荒原风景。这里有美不胜收的峡谷，更有异彩纷呈的湖泊；这里有苏格兰男人的粗犷，也有女人的幽冷。在这片孤寂的茫茫荒原上，巡游着苏格兰民族气质中最独特的一面。

构成苏格兰高地画卷的主体便是这里尽显粗犷风格的山峰了，它粗莽，却不险峻，光秃秃的山峰在千万年雨雪的冲刷之下显露出条条沟壑，站在远处观望，恰如与一个半裸着上身、露出坚韧筋脉的男人对视。由于低温，山顶上还有许多残存的积雪，混迹在黑色的苔藓之中，展现出极地地貌。而山腰上的苔藓多半是青色的，依伴着嶙峋的山石，显得有些孤傲和冷峻，却又如一个饱经沧桑的老人正在回忆遥远的时代。待到目光行至山下，一片黄绿相间的青草之中，小小的白色花朵星星点点地落在其间，在风中摇曳着纤细的腰肢，似乎是在呼唤远方的云朵快点归来，让温暖的阳光笼罩它娇嫩的脸庞。

荒原画卷上，树木似乎是难得一见的孤行者，就算是偶尔看到一两棵，也显得瘦骨嶙峋。就算是在夏日里，似乎也没有枝繁叶茂似的勃勃生机。不过，在山间峡谷之中，却有很多湖泊与小溪流，与整个高地的气质相符，它们不会显得温柔甜腻，而且也没有鱼和鸟的相伴，却在旷野之中引人沉思遐想。

苏格兰高地独特的地理位置，让它拥有了不同于其他地域的山水之美。平缓起伏的山脉并不高，也没有突兀的气势；山脚下大片的荒原之中，散落的巨大圆石和干净的水流映衬出苏格兰的原始风貌。一切都那么安静，低低的云层之下，或晴或雨的天气让这份静谧呈现出另一种精彩。空旷得让人压抑，寂静得那么奇妙，这一切都是造物主对于苏格兰高地的偏爱和赐予。

▲爱丁堡城堡处的华莱士雕塑

人烟稀少的苏格兰高地虽然并不繁华，每平方千米仅2.4人，但历史却从来没有将它遗忘，古往今来有数不清的传奇故事发生在这片神秘的土地上。当年，觊觎王位的苏格兰王子为了复辟斯图亚特王朝，于1745年在荒原西部的玛莱格发动了詹姆斯党人的叛乱，14个月之后，一败涂地。苏格兰王子不顾詹姆斯党人的哀求，毅然消失在了荒原之中，从此杳无音讯。

13世纪末至14世纪初，英王要吞并苏格兰，使得苏格兰与英格兰的民族矛盾不断激化。在这段苏格

▲ 苏格兰三姐妹山

兰民族独立运动的峥嵘岁月中，威廉·华莱士横空出世，他接过了父亲反对英格兰战争的旗帜，热烈追求理想，在爱人被英格兰贵族杀害后，率领当地苏格兰人宣布起义。由于叛徒出卖，华莱士英勇就义。在行刑时，他高喊着"freedom"，英勇献身。这个不朽的灵魂在苏格兰高地上振翅高飞，刀光剑影的战争和缠绵悱恻的爱情伴随着荒凉孤寂的荒原风景，成为人们心目中永恒的眷恋。

在《哈利·波特》系列电影中，蒸汽火车在高原山脉之中穿梭而过，魔法师们酣战之后曙光穿过阴云与浓雾照耀而来，以及许多让人赞叹的、充满了魔幻之美的山川镜头，几乎都来自苏格兰高地。这里潮湿的空气、桀骜不驯的山水充满了让人捉摸不透的魅力，不管是绵延起伏的峡谷洼地，还是隐匿在山川之中如同霍格沃茨魔法学校一样的城堡，都吸引着人们不远万里而来。

苏格兰高地的标志性山峰是本尼维斯山，这座海拔1343米的山峰也是英国最高峰。在盖尔语中，"Ben"是山巅的意思，而"Nevis"则是天空之意，"Ben Nevis"的意思便是"天空中的山峰"。之所以会有这样一个名字，是因为本尼维斯山每年有300多天

许多人将苏格兰高地称为欧洲风景最优美的地区。

▲苏格兰格拉米斯城堡

都笼罩在浓浓的云雾之中。而另一座标志性山峰，神秘的三姐妹山虽然经常会出现在各种苏格兰明信片上，但浓雾却掩映着她们的芳踪，难得一见其真容。两座山峰所在的葛伦科峡谷自东向西，穿过山脉起伏的山口，是从高地腹地一直到中部低洼地带的通道。低矮的绿草和苔藓覆盖着峡谷的地表，稀疏的植被从石缝间长出，峡谷里到处都是裸露的岩石，在清冽的空气和萧瑟的温度下，点缀着斑驳的大地。

在大文豪狄更斯笔下，葛伦科峡谷是“圣人们安葬的地方”，不仅源于它的苍凉壮美，还与这里悲壮的历史有关。詹姆斯一世在位时，坚持天赋神权，与议会水火不容，他的儿子查理一世即位后，其独裁统治使矛盾进一步激化，冲突升级后议会军和王军发生内战，导致1649年查理一世成为英国历史上唯一被处死的国王。此后，经历了

▲苏格兰爱丁堡城堡

"光荣革命"的洗礼，查理一世的重孙女玛丽与其丈夫威廉统治期间，对天主教徒进行了严酷镇压，发生了残酷的葛伦科大屠杀。苏格兰的葛伦科·麦克唐纳氏族甚至被终结了氏族生命，他们的悲鸣回荡在山谷，警醒着藏身于山谷中的族人不要忘记历史的遗训。

作为冰河世纪最后的一个据点，苏格兰高地不仅孤寂而且固执，虽然凄美却又充满了浪漫气息。在海神为高地开掘出来的长长海沟洛恩湾之时，大西洋澎湃的浪花和温润的海风让荒原之上也有了威廉堡这样的明珠。

威廉堡是苏格兰高地上独特的存在，本尼维斯山如同一位巨人般为它挡住了北方的寒流，大西洋的海风又为古堡带来了海洋式温润的气候，走到这里，荒原的苍莽之感立刻散去，土黄色的教堂拔地而起，灰瓦白墙的小房子依山傍水，错落有致地布满山坡，在绿树的掩映下显得生机勃勃。古堡里有平整的石板路和整齐的街道，还有充满历史韵味的小楼与熙攘的人群。早在17世纪，威廉三世就在这里建造了城堡，用来抵御侵略和海盗。工业革命之后，铁路修到了高地荒原之中，城堡虽然已经在19世纪末被拆除，但遗留下来的坚固地基和逶迤伸展的残墙，依稀可见当年的规模与气派，而这座古堡所在地也成为西部荒原铁路线上最重要的中转站，数百年来支撑着古堡和附近地区的发展。

在苏格兰，湖泊不管大小都被称作"Loch"，大名鼎鼎的尼斯湖也不例外，被称为"Ness Loch"。

1934年4月，伦敦医生威尔逊来到苏格兰高地大峡

▲ **苏格兰尼斯湖**

谷断层，在尼斯湖拍摄到一个类似蛇颈龙的生物，掀起了人们对于尼斯湖水怪的猜测，也让这座英国内陆最大的淡水湖泊成了人们关注的焦点。

尼斯湖位于横贯高地的大峡谷北端，长39千米，宽2.4千米。虽然湖泊面积不大，但却非常深，平均深度达200米，最深处可以达到300米。在寒冷的高地上，这里湖岸陡峭，树林茂密，而且终年不结冰。由于缺乏水中植物，湖底深处又靠近海岸线，所以尼斯湖的水位波动很大，夏季时距离水面30米内的水温可达12℃，但30米以下的水温却依旧保持在5.5℃。长期以来，人们都相信尼斯湖并没有任何生物存在，但在水怪之谜后，却有科学家在1981年发现了北极甲鱼的身影，让这片湖泊又增添了一丝神秘。

行至湖畔，在充裕的午后阳光照耀之下，你会看到一片深蓝的湖水，映衬着灰色基调的蓝色甚至比海水颜色还要深。由于湖水的能见度不高，与湖岸相接的地方才能隐约看到湖底的石头，而四周环绕的山丘虽然气势威严，却依旧不能胜过湖水的磅礴。只要站在湖畔，周边的景物似乎都会失去些光彩，因为纵然这湖水并没有讨巧的透亮与清澈，也足以用它的神秘和气势抓住你的眼球，引发你的遐想。

在各种各样神奇的传说渲染下，苏格兰高地的蛮荒苍凉成为更加迷人的所在。尼斯湖深处那个见首不见尾的神秘水怪、斯凯岛浓雾之中若隐若现的“妖精”发出的迷人歌声，还有赫布里底群岛之中处处存在着的行走的石头和歌唱的沙，以及格拉斯哥的古堡里游荡的无所归依的“鬼魂”，这一切都让苏格兰高地充满了原始气

▲斯凯岛，也被称为“天空岛”，是苏格兰西部内赫布里底群岛中最大、最北的岛屿，位于苏格兰西北近海处。该岛长约50千米，最宽处不到8千米。

息。这也就难怪哈利·波特要来到这里修炼魔法，而达·芬奇的密码也要在这里才能被解读。

石楠花是苏格兰高地特有的植物，它坚强生长，不屈不挠，恰如苏格兰人那固执的个性。在这片贫瘠的土地上，要想维持生存，必须做大地最忠诚的守护者。从17世纪古战场遗留的痕迹就可以看出苏格兰人的刚强，从高原清冽的风声里，依旧可以听到为英雄们奏响的风笛。

当历史的烽烟逐渐散去，当年的城堡之中还刻画着岁月的痕迹，而在这片苍凉的大地上，它的主人曾经是谁，未来又是谁，已经不再重要。苏格兰人和英格兰人在这里生存着，石楠花也每年如约盛开，人们在悠扬的风笛声中回归到平静的生活，在这片神秘的土地上开创和平与自由的家园。亚当·斯密、史蒂文森、瓦特、柯南·道尔，这一串串家喻户晓的名字不仅改变了英国，更推动了世界的变革。如果没有来自这片高地的倔强的苏格兰人，他们就不会出现在历史画卷之中，而格子裙、威士忌和高尔夫也不会将苏格兰人的传奇带向全世界。

旅行·印象

苏格兰高地运动

在苏格兰有一项历史悠久的风俗，那就是苏格兰高地运动，这项比赛起源于14世纪，将喝酒、跳舞、美食等活动结合在一起，成为一项代表着苏格兰精神的活动。苏格兰高地运动本来是为了给当时的王室和庄园主选拔保镖，所以项目以比武艺和力量为主，是一场让人热血沸腾的大比拼。在这个运动会上，还有一个独具特色的项目，那就是投掷树干，运动员必须将重达65千克的树干扔出去，并保持姿势优美，保证让它垂直着地。此外还有扔木棍、扔铁块、摔跤和投标枪等项目。进入现代之后，运动会还加入了自行车和田径比赛。同时还有与艺术相关的比赛项目，青年女子拿着刀枪棍棒表演舞蹈，同时也借此练习防卫技能。每年9月份，在巴尔默拉尔城堡中举行的高地运动，英国王室成员都会到场。

▲泸沽湖观景台

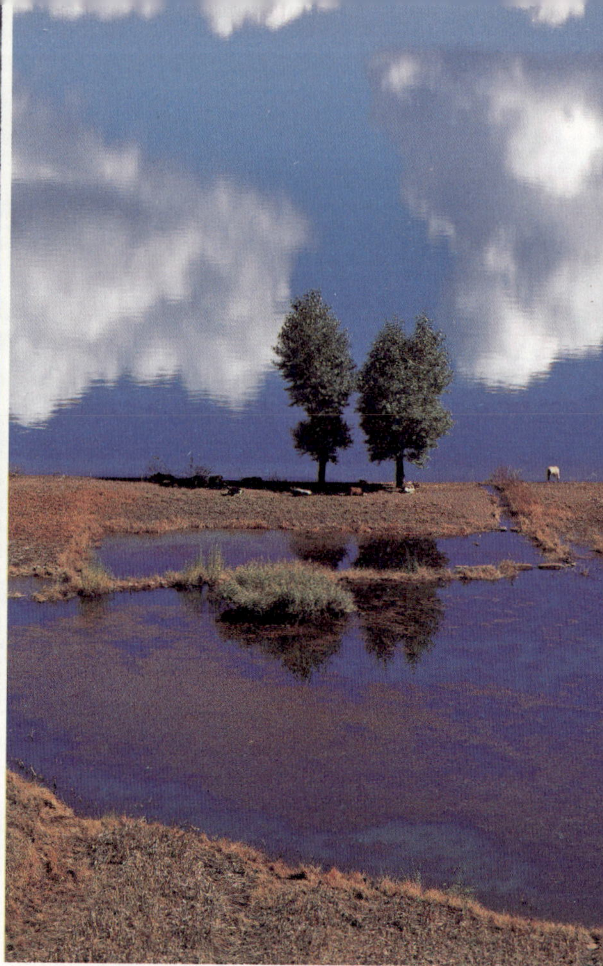

▲博凹半岛的青松

Lugu Lake

说什么王权富贵、戒律清规——《女儿国》

泸沽湖

西梁是非地，悠悠女儿邦，子母河流淌着太多的传说，而《女儿国》恰是那最柔情缱绻的地方。

因为国中没有男子，邂逅唐僧时，国王便想将他留下，蝎子精亦想与他互许终身，于是，一个无关风月却太多情的除妖故事便在女儿国中轰轰烈烈地上演了。

人间真有女儿国吗？

有吗？有吧！

看，它就在那里！

在那静水歌琉璃，暗香夜迷离的地方；在那芦花耀飞雪，水云聆风月的旧土；在那摩梭人聚居，走婚桥烂漫的桃源；在那……

哪里？哪里？哪里呢？

哦，是泸沽！

如果真的有那么一个地方与这世界格格不入，那一定是泸沽湖。如果有一个地方让痴男怨女们愿意放下一切前去走一遭，那一定是泸沽湖。

城市太繁华，乡村太清逸，不如去泸沽湖，揭开女儿国的面纱，揭开心底的往事，枕一段清梦，在这神秘得脱离了俗世的地方，尽情徜徉。

泸沽湖像天上掉下的镜子，清亮干净，无风的时候就那么静静地躺着，仿佛有多年的故事想要诉说，有陈年的秘密想要悄悄吐露。偶尔风起，一圈一圈的涟漪荡起，推动着闪亮的湖水一步步漂近，又一步步走远。似乎说了什么，却又着实没听清楚。

这么多年过去，泸沽湖该是藏了多少心事的女子，在这雪山下独自静默，只有风陪她说话，只有鸟儿听她吟唱。

穿一袭长衫，戴宽檐的帽子，在泸沽湖畔静静地陪伴这孤独了百年的湖水。一个人眺望远方，眼神里装满悠远和悲悯，那些过往的故事，谁还记得？

泸沽湖太过安静，静得只适合一个人在此行走。风吹起的长衫，是泸沽湖的一片叹息；洒满阳光的脸，是泸沽湖的爱情，在骄阳里得以祭奠。

女儿国的女子，自是美得像极了晶莹剔透的珍珠，在泸沽湖的滋养里更加柔润温婉。旖旎的风光，加上动人的女子，即便是在城市里厮混久了的你和我，也会被这里吸引。泸沽湖上秀美的小船，雕满了精致的画栏；顾盼神飞的姑娘舞动着帕子，在碧蓝的湖水和雪白的山色之间，显得更加娇俏玲珑，一颦一笑，都让这一岸的游客沉醉其中。

不禁莞尔，就是这样美如画的女子，才能托得起泸沽湖的美丽。

▲泸沽湖洛克岛

一群小伙子在船头大声歌唱，摩梭人特有的嗓音浸润了雪山的清凉，那声音像是润过饱满露珠的叶子，一声声，唱进人的心里。

走婚桥立在不远处，跨过了草海，两个村落被搭在两头。就这样，维系了爱情。它让人想到了七夕的鹊桥，在茫茫银河中，也这样轻轻巧巧地担起了爱情……

泸沽湖畔，我们每个人，都带着虔诚而来。我们在这女儿国，礼佛，然后走远。

博凹半岛的两棵青松相依相伴，在夕阳里依偎，它们叫情人树。爱情是我们永远追寻的终点，却在这里用最简单的形式和最认真的态度，写了一份圆满。爱情与婚姻无关，爱情与外人无关，只是你我，在某个夜晚，在某段时间，最好的心情和最长的依恋。

杨柳做伴，晚风中的情人滩更加静谧悠远，十里沙岸，走得完的距离，走不完的缠绵。离泸沽湖畔不远，有个地方叫情人堡。女儿国的山山水水，都像极了此处的女子，情人堡宛若睡美人一般躺在湖畔，映衬着晚霞的一抹嫣红，像是女子脸上刚刚褪去的红晕。

泸沽湖畔的爱情，浸润了波光雪色，那无尽的神秘、无尽的温柔，在月色中化为永久。

Chapter 2

与君初相遇，余生皆欢喜

▲西雅图城市夜景

Seattle

等待只为与你相遇——《西雅图夜未眠》

西雅图

等待的理由有千般，我所为的，却不过是与你相遇；一次次的错过，一次次的失之交臂，却奇迹般地拉近了两颗心的距离。

山姆原以为玛吉的离开已带走了他生命中所有的阳光，却没想到，不经意间，安妮已重新在他心中种下了一颗太阳。平凡的生活，平凡的人，平凡的故事，不见跌宕起伏，不见海誓山盟，眉眼交会的那一刹那，迸出的火花却又那般绝世与炫目，炫目得让整个西雅图都忘记了沉睡。

油库公园粼粼的波光中，温馨的水上小屋仍漫卷着日光；派克市场里，嘈杂的叫卖声更彰显了星巴克第一店的浪漫。夜未眠，人独立，三月春风笑旖旎，草长莺飞的日子，与其眷眷于山姆与安妮的温情，倒不如背上背包、踏上航班，与等待中的西雅图来一次不期而遇。

在去西雅图之前，听这样一首歌曲：《西雅图夜未眠》，在山水萦绕的城市里，寻找一个安静的角落，慢慢地感受着西雅图的温柔和妩媚。

与纽约的繁华忙碌不同，西雅图的老城区似乎仍然保持了原始风貌。走进低于地平线的昏暗的咖啡馆，品一杯西雅图黑咖啡，感受着黑色的寂静和老式建筑的古老。在西雅图，无论是在光线微弱的咖啡屋，还是在下着蒙蒙细雨的街头，都能遇到不拘一格的艺术家在歌唱，那声音铿锵有力，仿佛来自灵魂深处。

这是一座诗歌般的城市，宁静的午后坐在窗前，独自品一杯香茗；或者约几个当地的朋友去看一部多年以前的电影，最好准备一包手帕纸，以免伤心落泪时找不到擦拭之物。

西雅图的美丽不是纯粹的视觉美，更多的是给人美的精神状态，找不到哪些地方是特别美丽的，却在寻找的过程中为美丽所累。在绚丽多彩的天空下，划一叶扁舟，故意将水溅到自己的身上，与大自然来个亲密接触。

徘徊在城市的深处，你会发现自己已经深深地爱上了这个城市，爱上了在街头听到的那首不知名的歌。

Zhouzhuang

你是人间的四月天——《人间四月天》

周庄

四月的天，细雨洒落花前，水光浮动白莲，纵便阿波罗低语了你的崎岖，在我眼中，你依旧是夜夜的圆。

徐志摩与林徽因的爱情，就像是一朵绽放在幽夜中的曼陀罗，不被祝福，没有承诺，甚至，很可能只是他的一厢情愿。

但当他不幸陨落，曾经遗落的记忆却又一点点重新变得圆满与鲜活。

适合恋爱的人并不一定适合结婚，但每一个女孩心中却总希冀在四月的芳菲里与心心念念的那个人一起去看一场流星雨。或许，对林徽因来说，徐志摩就是那场流星雨吧，纵便不能恒久于心，却也留下了无限的追忆，而这追忆，早在好多年前，便已经融入了周庄的绿水中、水乡的秋月里。

▼ 周庄的桥

周庄的桥，古朴质厚，形异韵重，青龙桥就是其中之一。桥畔树荫青翠，桥下的空舟静静地等待游人，时光仿佛在此时停止了……

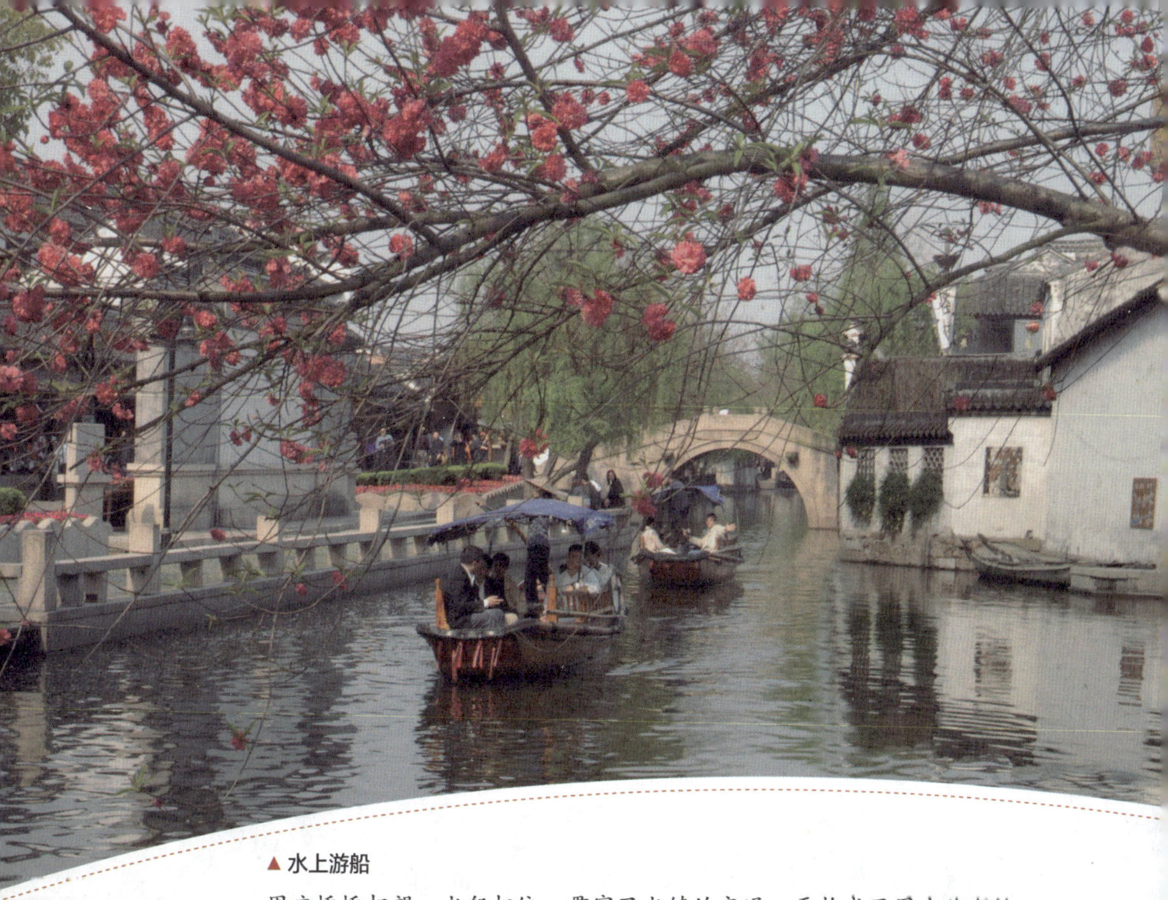

▲ **水上游船**

周庄桥桥相望，水船相依，贯穿了水镇的交通，更构成了周庄独有的水乡神韵。

桥是水镇的亮点。14座古桥，桥桥相望，桥桥相连，贯穿了水镇的交通，更构成了周庄独有的水乡神韵。周庄最负盛名的当数双桥和富安桥。双桥联袂而筑，桥面一横一竖，桥洞一方一圆，像极了古代的钥匙，所以又称钥匙桥。1984年，旅美青年画家陈逸飞将双桥画成油画，取名《故乡的回忆》，在美国展出后被美国人购买并赠送给邓小平。1985年，这幅画经过陈逸飞的加工，被联合国选为首日封图案，从此驰名中外。

富安桥桥楼合璧，四端各有一座飞檐垂角、装饰富丽的楼阁，是目前江南水乡仅存的桥楼建筑。桥边杨柳低垂。仲春时节，柳絮在风中轻舞飞扬，飘落在船上人的肩上。在这里，你能真正体会到古诗中“吴树依依吴水流，吴中船楫好夷游”的意韵。

周庄仍有六成以上的民居为明清时建筑。这个仅仅0.47平方千米的古镇，坐落着近百座深宅大院，回环曲折。楼在桥边，窗在水上，粉墙黛瓦，飞檐翼然，墙垣斑驳。深褐的窗棂，雕花的隔屏，玲珑幽暗中却分明透出一份宽广明丽。宅院的门外是一段段青石板路。几

▲**双桥**

双桥指位于周庄中心位置的世德和永安两桥，建于明代，两桥相连，样子很像古代的钥匙，又称钥匙桥。

百年来，石板早已被人们磨得平整而光滑，散发出幽幽冷冷的光，人影可鉴。下雨时，石板在雨水的冲刷下，像一面面铜镜，映着青黛的屋檐和行人晃动的衣袂。也许，这其中也有一位姑娘，撑着雨伞，带着丁香般的哀怨，梦一般走在雨中。

周庄，最美的应该是它的夜景了。傍晚时分，华灯初上，小镇安静了下来。小镇被小河环绕，高高的拱桥是人们步行的通道，机动车进不了小镇，这就使得小镇有了外界难得的寂静。看夜景，最好是在河边的茶楼里。沏一壶周庄的阿婆茶，临窗而坐，河风带着湿润的水汽掠过两颊。在阿婆茶的清香里，看着对面客栈旧红的灯笼在风中轻摇，而灯笼下的木窗里，有情侣相对而坐，也有三五友人笑谈，暖暖的灯光，像极了《花样年华》里的温柔。再看河水，水中倒影摇曳，错落有致，偶有小船荡过，河水便在灯光的映照下泛起妩媚的光影。难怪著名画

▲ **周庄的夜色**

华灯初上，桥与水合而为一，水乡人家的迷人情韵正蔓延开来。

家吴冠中来周庄写生后，感叹“黄山集中国山川之美，周庄集中国水乡之美”。吃口茶，闭上眼睛，二胡清越，昆曲缠绵，悠悠的乡土气息动人心弦。街道寂静，河道哗然，桨声灯影里，船娘吴歌悠扬。

周庄，日落如画，月出如诗，桃花流水，雪裹银装。这里的“钵亭夕照”“南湖秋月”，这里的“指归春望”“东庄积雪”，四时“八景”，美不胜收。

周庄是大自然的杰作，自然的聪慧玉成了她的清秀与灵气。她像一朵睡莲，躺在明湖绿水中、吴侬软语里，恬然美梦。应该感谢俗世对她的遗忘，让我们在900年后的今天，仍能看到她古典恬静的睡容。周庄是内敛而从容的，如诗人笔下的少女，“心如小小的寂寞的城，恰若青石的街道向晚，跫音不响，三月的春帷不揭，你的心是小小的窗扉紧掩”。周庄，始终美丽着，幽静着。

而在这种幽静的从容里，你分明可以看到回忆如沙漏，一点点流入心田。那些渐行渐远的黑白回忆，也在长年射不到阳光的雕花的窗棂阴凉里，慢慢归复平静，却也慢慢鲜明芬芳，夹在湿润的河风中，氤氲在你眼前。

Salzburg

雪绒花，清晨迎接我开放——《音乐之声》

萨尔茨堡

音乐，是流动的艺术，也是心灵最美好的摆渡。冯·特拉普男爵在五音谱中找到了失落的真爱；玛利亚亦在“Do-Re-Mi”的旋律中寻到了生活真正的意义。《音乐之声》是一部电影，却也是最真实的生活。米拉贝尔宫巧致的花园中常有孩子们的笑语呢喃，通往玫瑰山的阶梯也是玛利亚和她的七个孩子最好的曲谱，在这里，他们唱响的不仅是脍炙人口的歌，还有坚持、尊严、童真、甜蜜、忧伤、浪漫和整个生活。

即便我们不懂音乐，但也不妨碍我们走进特拉普与玛利亚的乌托邦，在青山绿水、白墙蓝顶之间寻找那一份音符间流淌着的安然。

▲萨尔茨堡里巴洛克风格的建筑

▲ 享受滑雪乐趣的游客

白雪皑皑的阿尔卑斯脚下，巴洛克式的建筑，音乐家莫扎特的故乡、美国电影《音乐之声》的拍摄地，一个令人魂牵梦绕的地方——萨尔茨堡，它坐落在阿尔卑斯山北麓、多瑙河支流萨尔赫察河畔，是一个有着传奇历史和迷人风情的古老山城。

萨尔茨堡城内巴洛克式风格的建筑具有独特的魅力。萨尔茨堡有着众多城堡和宫殿，赫恩萨尔茨堡坐落在城市内的山丘上，是萨尔茨堡的地标，是中欧现存最大的要塞。历经九百多年风雨，仍巍峨挺拔地耸立在旧市区一百多米高的丘陵上。从远处望去，山顶上的赫恩萨尔茨堡洁白耀眼，神秘诱人。

在赫恩萨尔茨堡对面的，则是米拉贝尔宫殿和花园。米拉贝尔花园是大主教沃尔夫·迪特里希为他的情人建造的。米拉贝尔花园是一处巴洛克风格的花园，花园中央是一座大型喷泉，四周的雕像都是希腊神话中的人物。在这座美丽的花园中，可以想象到这样的情景：白雪皑皑的阿尔卑斯山下，如茵的山坡上，女教师带着孩子们，唱歌、雀跃、奔跑，一曲《哆来咪》在山谷中回响。

奥地利音乐古城萨尔茨堡的一座宫邸花园，俗称水晶宫，以喷泉和水戏而闻名。这原是萨尔茨堡主教的私人宫邸花园，建筑别具匠心，既有欧洲传统的园林风格，又有类似中国园林以小见大的特点，让你突然不知身在何方。园内绿树成荫，流水涓涓。道路两旁都有暗道水管不时喷射，水花飞溅，雨帘雾障，有种神秘莫测的气氛。花园内，在一个玲珑假山上，还可以听到不同的鸟鸣。

萨尔茨堡拥有众多的剧院、音乐厅、电影院和博物馆等。在欧洲文艺复兴时期，萨尔茨堡已是一个音乐艺术文化中心，山清水秀，人杰地灵，也许这些都是因为这里曾出过一位天才音乐家——莫扎特。

当然，萨尔茨堡还有卡拉扬，它也是萨尔茨堡的古老风情，同样可以陪你穿梭在萨尔茨堡的大街小巷。

旅行·印象

萨尔茨堡音乐节

来萨尔茨堡听一场震撼人心的音乐会吧。萨尔茨堡音乐节自从1920年以来于每年夏天举行，与之相应的还有著名指挥家赫伯特·冯·卡拉扬在1967年创办的复活节音乐节。在音乐之都，恰逢音乐节之时，聆听经典名曲，乃是一种极大的享受。

Jeju Island

爱你就会变成你——《秘密花园》

济州岛

最长情的告白是什么？是你中有我，我中有你。最深沉的爱恋是什么？是你变成了我，我变成了你。

若不曾真真切切地走进对方的生活，事无巨细地浏览彼此的过往，又怎会知道，其实他（她）的心灵花园中还绽放着如此多的秘密？

金洙元与吉罗琳的相恋或许是一个意外，而在《秘密花园》中，有着太多太多的秘密，而所有的秘密，其实都开端于那个纯美如伊甸，却又充满了浓浓烟火气的人间桃源——济州岛。

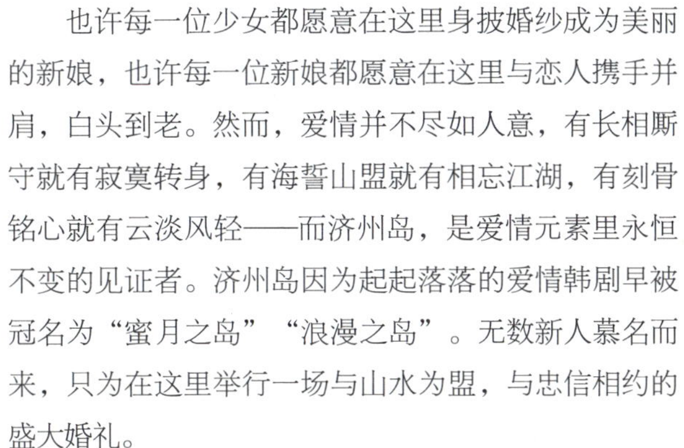

也许每一位少女都愿意在这里身披婚纱成为美丽的新娘，也许每一位新娘都愿意在这里与恋人携手并肩，白头到老。然而，爱情并不尽如人意，有长相厮守就有寂寞转身，有海誓山盟就有相忘江湖，有刻骨铭心就有云淡风轻——而济州岛，是爱情元素里永恒不变的见证者。济州岛因为起起落落的爱情韩剧早被冠名为“蜜月之岛”“浪漫之岛”。无数新人慕名而来，只为在这里举行一场与山水为盟，与忠信相约的盛大婚礼。

济州岛是韩国最大的岛屿，环绕小岛有条长达256千米的海岸线，状如玉带般蜿蜒滑过。这里滩平海阔、水清沙白，一波波海水缓缓荡漾，极像恋人的手轻轻拂过。但凡来过济州岛的新婚夫妇们，都会将这里的水视作心底最温柔的记忆。济州岛上还有座韩国最高的山——汉拿山。汉拿山虽然海拔只有1950米，但在韩语里的意思却是“能拿下银河的高山”。别小看了身高平平的汉拿山，它周围环绕着三百六十多座因火山爆发形成的小火山，生长有一千多种植物。因为山势多样、花木繁茂，汉拿山每年四季都是一副妖娆姿态：春有美艳杜鹃花竞相绽放，夏有茂密绿荫层层披挂，秋有金色紫芒花耀人眼目，冬有皑皑白雪银装素裹，堪称是难得的海上仙境。

济州岛还是一个无小偷、无大门、无乞丐的“三无岛”。当地居民勤劳纯朴，主人外出时只需在门口搭上一根横木表示无人即可。试想，世上哪片土地能对陌生游客如此信任？又有哪位新娘不希望把自己交给一个值得完全信任的爱人？爱情中毫无保留的信任就这样被济州岛上的平淡生活不经意地诠释出来。

当山水结盟、忠信相约，这场盛大的婚礼渐渐落下了帷幕。唯济州岛，仍然保持见证者的姿态，永不退场。

◀海面上的两块礁石如同隔水相望的恋人，在夕阳余晖下，诉不尽温柔缱绻。

Hangzhou

是谁在耳边说，爱我永不变——《白蛇传》

杭州

佛前叩首三千年，只求，人间一次遇见。断桥上，烟雨迷蒙待君来；西湖岸，红袖垂落夜添香；金山寺，红颜一怒水漫天；因恩重，还是因曾经遇见？宝芝堂，坐馆悬壶济世人；赴京途，关山万里有红颜；雷峰塔，愧悔无地说辜负；因情浓，还是因爱是背负？

西湖美景三月天，春雨如酒柳如烟，百年修得同船渡，千年修得共枕眠，纵使缘浅缘去多幻灭，奈何情深至骨无怨言。千百年来，悠悠西湖畔，断桥残雪边，《白蛇传》就是一曲永恒的爱情经典。

阳春三月，草长莺飞的日子，辗转迷情，邂逅杭州，为的又何尝不是寻一次凄美的相遇，看一次雨中的江南……

▼雷峰夕照

▲雾笼西湖

苏堤断桥边，西湖长椅上，对了解中国传统文化的人来说，在这样的宜人景色中，在这样的繁华都市里，似乎每天都上演着一个又一个纯美的爱情故事，一如白素贞与许仙、梁山伯与祝英台。这个城市为浪漫与爱情代言，它便是杭州。“上有天堂，下有苏杭”这句话我们从小听到大；几百年前，白居易的“江南忆，最忆是杭州”，更是道出了大多数国人心中的“苏杭情结”。若是给你一段悠长假期，你是否也愿意带上你的爱人，在杭州的春光里，享受浪漫的爱情呢？

还记得台湾歌手林宥嘉，翻唱过一首《南屏晚钟》来赞美自己外祖父的家乡杭州。淡淡的声线悠扬而深情，仿佛将两千多年前这个西湖边的小城带到了人们眼前。杭州建于秦朝，当时被称为“钱塘”。由于杭州独特的地理位置和复杂的水系，使得它一度成为江南一带的交通要道。这繁华与喧嚣一直持续到今天。自古以来，杭州便有“人间天堂”的美誉，唐朝的杭州是中国的商业化大都市，“珍异所聚，商贾并辏”。之后的三百多年里，吴越和南宋建都于杭州，成就了杭州的鼎盛时期，当时的杭州号称“东南第一州”。直到元朝，杭州依然是江南水乡中最为繁华而梦幻的城市。

杭州最负盛名的景色恐怕要数西湖了。西湖是杭州市中心的一颗明珠，西湖景区包括了许多人们耳熟能详的名

西溪湿地

胜，这其中包括三潭印月、岳飞墓等名胜古迹，是中国十大风景名胜之一。西湖史称钱塘湖，宋朝定名为西湖。西湖三面环山，湖中心有三座岛屿，分别是三潭印月、湖心亭和阮公墩。初见西湖，那清新淡雅一如华夏风骨的气质便深深将人打动，一池静水映衬着天光云影，秀美而从容。近看那被时光精雕细琢的山水与人文，才发现这淡雅而大气的底色上，是浓重而精致的工笔白描，正应了那句“淡妆浓抹总相宜”。西湖畔的广场与城区绿地构成了湖滨景区；吴山景区以城隍阁为中心，与之相邻的南山路将西湖南线的24个人文与自然景点串联成南线景区；而站在城中制高点上俯瞰，南宋皇城如同一条翩翩欲飞的凤凰，这便是凤凰山景区。此外还有以自然野趣为主的杨公堤生态景区，以“跨江长虹”为主要看点的多座钱塘江上的大桥。而西湖北岸那别具特色的街道和古老建筑更是组成了一座没有围墙的博物馆。

西湖之所以千百年来为无数文人墨客所拥戴，恐怕是因为它那令人心醉的美。连绵的山脉包裹着西湖，层层青山如屏障一般，掩映着、分割着原本一眼望穿的湖光，山色与湖水相映成趣，使人们不论从哪个角度观赏西湖，都能收获不同的情趣。拜江南的蒙蒙烟雨所赐，无论是阴天晴天，下雨下雪，在湖光山色中都是风景。若是秋日来到这里，便能欣赏到漫天桂花随着飘零的“艳遇”在风中飞舞，伴着叮咚泉水翩翩而至。

苏堤和白堤，是西湖最著名的景点。苏堤、白堤横亘在西湖中，将西湖分割为西里湖、小南湖、岳湖、外湖和里湖。苏堤是苏东坡所建，堤上有6座石拱桥，每当晨光微曦，湖面便会蒸腾起淡淡薄雾，这便是大名鼎鼎的钱塘十景之一——“六桥烟柳”。苏堤的美丽不仅仅因为它玲珑小巧，穿湖而过，更是因为苏堤上种满了形态各异的植物，香樟、梧桐、银杏……生机勃勃的植物将苏堤打扮得四季常绿。

到了春天，堤上桃花盛开，春风拂面，令人心旷神怡。四季的西湖呈现出不同的美景，春夏秋冬分别有“苏堤春晓”“曲院荷风”“平湖秋月”和“断桥残雪”。这一池恬淡而清丽的湖水，温暖了钢筋水泥的寂寞，安抚了人们躁动的灵魂。在一座熙来攘往的大都市里，能有这样一处闹中取静的所在，实在是杭州人的幸运。夏日里花港观鱼，秋凉赏桂时有“满陇桂雨”，飘雪的冬日里踏雪寻梅，春风和煦时牡丹国色天香、桃花绽放。

如果说西湖赋予了杭州诗情画意，那么西溪便给了这座城市以安稳踏实的存在感。西溪是杭州市西部的一片湿地。西溪国家湿地公园有着悠久的历史。西溪故称河渚，周围环绕着许多名园古刹，集城市景观、人文风景与自然资源为一身，形成了极具吸引力的湿地旅游资源。在湿地公园中，水系庞杂，大片大片的芦苇掩映着河流与水鸟，处处鸟语花香，四季空气清新。和爱人在这威尼斯般的“水城”中泛舟垂钓，读一本喜欢的小说，谛听云雀在风中的鸣叫，这样的场景美得如同一场电影。在烟雨连绵的江南，晴空也会偶尔出现，在日光下采摘荷花与菱角，与飞鸟为伴，这其中的惬意与野趣让人流连忘返。

在西溪北部的飞来峰中，一座古刹矗立了千百年，它便是灵隐寺。灵隐寺如它的名字一般，似乎受到了神明的庇护，若隐若现，被奔流的山泉与葱茏的绿荫安稳地包裹。在灵隐寺的西面，人们可以看到一处壮观的景象——巨石藏匿云端，直指苍天，巨石下刻着四个大字“咫尺西天”。在寺中，还有埋葬开山祖师慧理骨灰的理公塔，塔尖隐没在云端，气氛肃穆而安宁。在理公塔旁边有一块巨石仿佛来自天外，它斜倚在悬崖边，似乎随时可能掉下万丈深渊，令观者无不为之惊叹。走过飞来峰，便能看到一道红墙将灵隐寺与万丈红尘隔绝开来，只有飞檐在墙头显现，再往上看，冷泉飞流直下。

回想杭州变化多端的天气，四季不同的景致，风情各异的湖光山色，你会发现它扑朔迷离的美，一如那相思一般，叫人摸不着头绪却又沉醉不已。

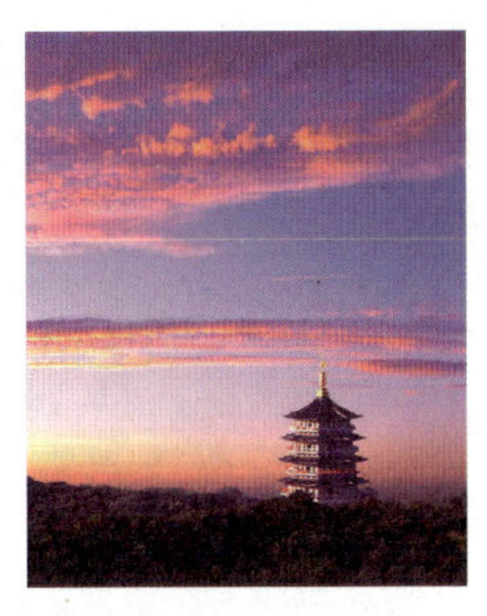

▲雷峰塔

雷峰塔又名皇妃塔，位于西湖风景区夕照山的雷峰上。雷峰塔为五代十国时期吴越国王钱俶因黄妃得子而建，初名“皇妃塔”，因建于雷峰，后人改称“雷峰塔”。民间故事《白蛇传》中，法海和尚骗许仙至金山，白娘子水漫金山救许仙，被法海镇在雷峰塔下。后小青苦练法力，终于打败了法海，雷峰塔倒塌，白素贞才获救了。旧雷峰塔已于1924年倒塌，后重建，新建的雷峰塔为中国首座彩色铜雕宝塔。

度假便利贴

风味美食：龙井虾仁、东坡肉、鱼头浓汤、叫花童子鸡。

娱乐休闲：龙舟竞渡、杭州超山梅花节。

旅途购物：西湖藕粉、昌化山核桃、龙井茶、杭州丝绸。

Puzhehei

十里桃林十里桃花——《三生三世十里桃花》

普者黑

桃之夭夭，灼灼其华，之子于归，宜其室家。十里桃花，纷落若霞，软语呢喃间，织就的不过是一件嫁衣裳。她是青丘帝女，芳华绝代；他是九重天储君，玉树芝兰。原不过是一场两情相悦的爱恋，却因天地大劫、擎苍遗祸衍变成了一场虐心蚀骨的深情大戏。

三生三世，桃花十里，你可还是我的良人？

诛仙台下，忘情水畔，曾经的身影是否仍旧萦怀？

白浅与夜华的苦恋，不知道是对还是错，《三生三世十里桃花》的故事，却已令太多太多的人，青襟泪洒。白浅的心，苦过，更甜过，夜华亦然。或许，三千红尘，寥寥数载的相偎相守，早就胜过了天阙亿万年的相爱相杀；而今日，我们要邂逅的便是那属于白浅的青丘，那遗落了太多记忆的桃林——普者黑。

荷花自古便是文人墨客的最爱，而位于云南省东部的普者黑景区便以荷花著称于世。在普者黑的山水之间，有着上万亩荷塘，每到七八月份，池塘里的荷花竞相

开放，一朵朵宛如贵妃出浴。纯洁的白荷，妩媚的粉荷，鲜艳的黄荷，亭亭玉立，娇贵而不妖艳。

普者黑是货真价实的彩云之南。可以朗诵一句“半在春波底，芳心卷未舒”，牵着情人的小手，在荷塘中的小路中迈着优雅的步子，偶尔遇到成双的蝴蝶在花间追逐，便陶醉在“化蝶”的梦里。这里的荷花并非人工种植，而是千年野生的荷，因此生命力很强。

“低头弄莲子，莲子清如水。”一个羞涩的哈尼族姑娘撑着小船出来卖荷花和莲蓬，如果不是因为靠得近，还发现不了她，因为她就像一朵亭亭玉立的荷花。不知不觉已经到了黄昏，却不忍离开，好像已经融入荷花里。云南有泼水节，这里打水仗的游戏和泼水节较类似。五六人一组，上小船，准备好打水仗的工具。数百条

▲ **喀斯特地貌**

普者黑是典型的喀斯特地貌的AAAA级旅游景区，景区内312座山峰屹立，56个湖面清澈无污，83个溶洞千姿百态，万亩荷花清香四溢，民风民俗原汁原味，呈现出秀奇古幽的天然景色。

小船陆续出发，很多迫不及待的游客一上船就开始打起了水仗，甚至直接用水桶泼向对面的小船。空中水花飞溅，水中的荷花也被这欢乐的情绪所感染，跳起了摇摆舞。

普者黑的青龙山、狮子山、观音洞、仙人湖，淳朴的民族风情，都足以让人感动。在普者黑的少数民族节日中，彝族的“花脸节”最隆重和刺激。原本是人们互相抹花脸以驱逐鬼怪，逐渐演变为青年男女选择爱人的活动。把对方的脸抹得越黑，说明对她情意越深。所以尽可以把情人的脸抹得黑黑的，那是最热烈的爱意。

Sahara Desert

每想你一次，天上就飘落一粒沙——《撒哈拉的故事》

撒哈拉沙漠

因为懂得，所以慈悲；因为深爱，所以无言。三毛与荷西的爱情，自来都为人所称美。大漠孤烟袅袅，长河落日煌煌，即便单调凄凉的灰黄才是撒哈拉最原始的底色，骄傲如她，亦用他的柔情缱绻将生命的彩色绽放。

想你一次，天上飘落一粒沙，从此形成了撒哈拉。驼铃声声中，如粉丝般的细雨洒下了太多的缠绵爱恨，也留下了太多的遗憾眷恋。《撒哈拉的故事》不仅仅是故事，还是人生。走进撒哈拉，追随着三毛沙沙的笔间，我们能看到的不仅是滚滚的黄沙、千疮百孔的帐篷、倔强的骆驼、新绿的胡杨，欢笑的女孩，高歌的汉子，还有，此生无悔的深情，以及灯火阑珊下，你是风儿我是沙的绝世烂漫。

“当我想你的时候天上就会掉下一粒沙，于是就有了撒哈拉。”撒哈拉可以给予人的东西不多，浪漫不在其中。偏执的浪漫爱好者只能在那里找到黄沙、大太阳、汗水、自己的影子和一种叫作口渴的感觉，生命以一种清晰的方式被消耗，像一根被焦灼而幸福地点燃的蜡烛，与浪漫无关。

撒哈拉的浪漫是一种没有指望的荒凉的浪漫，可望而不可即地升腾在广漠的深处，犹如海市蜃楼，成为绝望之人饮鸩止渴的陷阱。让三毛即使离开了那片沙漠，可最后还是没能逃开撒哈拉空气中的浪漫，她的文字便是她的挽歌：

“……落日将沙漠染成鲜红的血色，凄艳恐怖……大地转化为一片诗意的苍凉。”

▼在撒哈拉，你得相信，大自然把它的雄奇发挥到了极致。

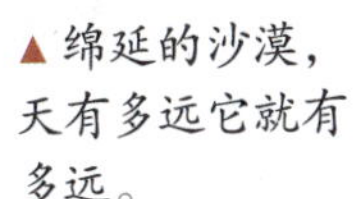

▲绵延的沙漠，天有多远它就有多远。

▲广阔的沙漠，渺小的行者，这是美还是孤独？

▲沙漠中的水井，是当地居民生活的必要保证。

好吧，让我们不谈三毛，说撒哈拉。世界上怕是再没有一个沙漠带可以跨过广阔的大陆，从此海岸直抵彼海岸了吧？撒哈拉就是这样的，如果说非洲的一半是原始，一半是荒凉的话，那么这荒凉的一半一定是用来描述撒哈拉沙漠的。荒唐地说，这里是上帝经营世界最不用心的地方，没有玫瑰的花朵和夜莺的啼鸣，没有散文和十四行诗，没有道路和夜里的灯火，只有风和沙。在欧洲人没有乘大船从海上绕去非洲南部的时候，阿拉伯人的骆驼是撒哈拉最出色的脚力工具，阿拉伯人骑在驼背上，带着布匹，赶着马群一路向南，在那里换成黄金和精盐，带回北方交易。撒哈拉里面的绿洲，这一时期多被骑骆驼的人控制着，成为商道上的关隘，直到大航海时代开始才萧条下去。

撒哈拉有着无人纪念的谜一样的历史。在沙漠中部的塔西利特、阿杰尔高原，留着人们至今都无法给出合理解释的壁画。因为不可能有一个创作队伍会在这样拙劣的环境下跑到这里来做出这样的宏幅巨制。唯一可能的解释就是，这里曾经一度适合人类栖居，也恰恰有一群心灵手巧的人住在这里。他们或渔或猎并且很从容地有一些劳动剩余，于是他们就在岩壁上画起图来。这些壁画按内容被戏剧性地分作水牛时期、黄牛时期和马匹时期，内容无非是一些劳动场景或是自然即景，这样的活动在很长时间里成为他们的全民乐趣。可是，让人惆怅的是，那是在怎样的时代？他们又去了哪里？在他们留下那些福至心灵的作品后，撒哈拉就无可挽回地荒凉了。

当人们看见那些壁画时，人们的疑问不是这寂无人声的广漠里

金色的阳光闪耀在金色的沙粒上，这里荒凉至极，却也诱人至极。

何以会有这样富饶的场景，而是这样的美丽家园缘何却成了沙海一片。然而，撒哈拉的荒凉并非不著一物，那些只攫取一点水分和给养就可以生存的沙生植物、棕榈科的枣椰树、小心的沙鼠、鬼鬼祟祟的沙狐、善跑的羚羊和鸵鸟、珍稀的巨蜥，构成了生存资源有限的撒哈拉里微妙的生物链。在河流交汇的地

方，也有鱼米丰裕的地方，比如莫普提。撒哈拉或许真的有一种浪漫，而这种浪漫恰恰在于它给人的荒凉并非完全差劲的不毛，而是它在极度荒废的情况下依然保有适当繁荣的生活审美价值，以至于几乎要让人相信这种浪漫在踏上撒哈拉沙漠的时候就可以到达，于是“三毛”们便去了。

▲古色古香的吊脚楼沿河而立

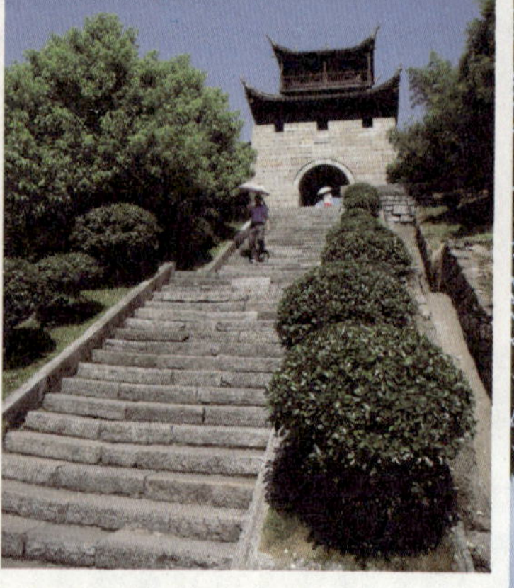
▲南方长城

Fenghuang

这个人也许永远回不来了，也许明天回来——《边城》

凤凰

水墨淡染映沱川，龙潭渔火叹千年，虹桥上翘首盼着傩送的翠翠已经不再，白塔边，细脚伶仃的竹楼却还氤氲着碧色。

也不知道是沈从文的《边城》造就了凤凰，还是凤凰的古朴造就了《边城》，似乎，只是一回眸的工夫，《边城》便成了凤凰最好的代言。

纯真美丽的湘西女孩，羞红了彩霞的豪放山歌，弄舟江上的甜蜜过往，鸬鹚共舞的渔家浪漫，小溪白塔的淡雅宁静，田园牧歌的清新如玉……梦中的茶峒，不变的凤凰，永远都氤氲着浓浓的乡土情怀，或许，不够绚烂，不够夺目，但却绝美淑丽，俨然桃源。

古朴的沱江静静地流淌，孕育了一方传奇的小城。这里风景秀丽，历史悠久。城内，旧时的城楼，明清的古院，都风采依然；城外，南华山国家森林公园；城下，艺术宫殿奇梁洞，饱经风霜的唐代黄丝桥古城，举世瞩目的南方长城……不胜枚举；更远处，吉首的德夯苗寨，永顺的猛洞河，贵州的梵净山，可谓奇景环抱。

清澈见底的沱江，穿过凤凰县城，从刀耕火种的原始荒蛮中走来，一路伴着凤凰，带给凤凰山城超脱的灵气，也带来了今日的辉煌。如今的河岸，“吊脚楼顺着水流的方向逶迤而行，古朴依旧悬空于河上的各式雕花窗上，都伸出竹竿来晾晒五色衣物，像是无心的招摇，又像是含蓄的遮掩，让人揣想楼上人家的故事”。

远远望去，跨越沱江之上的一道彩虹就是始建于明代洪武初年的虹桥，这是一

座由紫砂岩石砌筑而成的三拱桥。桥面风雨楼屡遭战乱毁坏，近年来重建之后才再现了昔日的辉煌。每到雨天，撑着雨伞，伫立在小巷的深处，将整个身心都沉浸在小城的静谧之中，这里就是人们心灵的天堂。寂寥、惆怅、伤感、凄美的情怀在小雨的迷雾中渐渐升腾，又被渐渐冲刷干净，心情就这样经过洗礼轻快了起来，好一座被雨水荡涤了千年的古镇……

一方水土养一方人。除了优美的自然景观，凤凰更孕育了传奇的人文景观，这里人杰地灵、名贤辈出，既有清末力抗英法殖民入侵的民族英雄田兴恕、郑国鸿，又有民国叱咤政坛的熊希龄，还有近代国画大师黄永玉……而最令人熟知的就是文学巨匠沈从文。

到了凤凰，一定要去拜访沈从文先生的故居。这是一幢青瓦木板结构的四合院，整座建筑带有浓郁的湘西明清建筑特色，镂花的门窗，小巧别致，古色古香，室内桌椅用具摆放俨然老人生前的样子，轻轻抚摸一下那张大理石书案，心中最柔软的地方就这样在不经意间被触动了。

行走在这样的凤凰古城，时而追随着清幽的河水，时而迷失于古老的街巷，仿佛置身于《边城》中，依旧是这青石板，依旧是这吊脚楼，时光仿佛早已停止了。

◀**万名塔**

耸立在沱江河岸的万名塔宛如亭亭少女，秀气可人。

Kending

留下来，或者我跟你走——《海角七号》

垦丁

大尖山上繁花开，南仁湖上雨雾稠，垦丁，一直都是个浪漫的地方。风吹沙动，林木悠悠窃了夕阳；恒春侧畔，珊瑚朵朵绚烂了海滩。彩云最喜欢的是白沙湾，水清沙白多奇幻，绿篱轻蝶龙銮潭。

多年前，一份裹在邮包中的爱情从天而降，褪色的甜蜜只留下了“海角七号”的淡淡印记，由是，当叛逆的阿嘉与严肃的友子在夕阳下的白沙湾忘情相拥，当青春的车辙伴着漫山苍青划过太平洋岸，当一段跨越了国界的爱情在烂漫着沙瀑、崩崖、雨林、溶洞的宁静小城上演，《海角七号》火了，被誉为“台湾之天涯海角”的垦丁亦火了！

▲垦丁蜿蜒的海岸线

▶垦丁恒春牧场风光

台湾受着海洋气候的影响，冬季常常多雨。那种连日不开的阴霾，使人的心情沉入到排解不开的阴郁之中，“冬季到台北来看雨”，这首歌中也包含着太多的苦涩。于是台北人就想起了垦丁，那里永远天气晴朗。其实垦丁也并非一直晌晴，但因位于台湾岛的最南端，南国的温暖加上细腻的沙滩，足以冲淡忧愁的人的阴云。

清光绪三年（1877），清廷所设招垦局从广东潮州募集一大批壮丁登上台湾岛，开发当时尚且荒凉的最南端的这片海滩。那些“筚路蓝缕、以启山林”的壮丁恐怕从来没有想到这里会在百年之后变成台湾最美丽的地方之一，并且会以他们共同的名字来命名。

大尖山是垦丁的地标，它是辽阔无垠的草原上，一整块岩石突起的小山，是垦丁的制高点。为了登高临下一睹垦丁美景，大尖山是众多游人的首选目标。并不需要太多的辛苦和努力，就可以站在山尖上俯瞰恒春半岛全景。草原

▲后壁湖渔港是恒春最大的渔港，也是观光渔港，每天傍晚都有很多人慕名而来。

连绵，蔚蓝色的海岸，胸怀顿时变得宽广，连呼吸都如此轻松。垦丁公园管理处的首任处长施孟雄先生登临此处，禁不住有感而发，撰出了上联“登尖小天下”。遗憾的是他的感情只抒发了一半，下联到现在也没有对出。

或许下联可以是“下帆大世界”，但也并不完全配得上。沿着海岸向鹅銮鼻的方向前进，就会看见一块船帆样的珊瑚礁石耸立在海水之中，它就是“船帆石”。这块高达18米的珊瑚礁石是从何而来的呢？有人考证说船帆石是从附近台地上滚落下来的，理由就是在那里才有它的伙伴。抑或是由于它航海的梦想才使它脱离台地滚落到这里吧，它似乎觉得自己也是轻盈的船帆？可惜只有在海水的潮涨潮落中，在栖居其上的海鸟的浮沉中，它才变得生动，看上去才像是在浩渺的大海中徐徐而行。

鹅銮鼻是这块陆地的尽头。这个名字让人把台湾想象成一只仰颈的大鹅，而鹅銮鼻就是大鹅红色鼻梁的顶端。鹅銮鼻灯塔有着一百多年的历史，历经数次

炸毁和重建。现在的灯塔为白铁制造，高24.1米。塔顶上的旋转透镜电灯光相当于180万支蜡烛的烛光，可照射27.1海里（1海里=1.852千米）。灯塔每间隔10秒的闪烁，让过往的船只能够在海面上平安地行驶。这个希望的灯光，被称为“东亚之光”。

海水静静地拍抚着垦丁的海岸，光洁的沙滩上支撑起无数颜色各异的遮阳伞。在强烈的热带阳光下，阳伞的阴影里躺着悠闲的游人。有些时候并不需要置身海水中，仅仅耳畔的涛声就能够把心灵涤荡干净。在这里没有忙碌，没有寻愁觅恨。如果在岸上躺得太过于单调，则可以到半潜艇式的游船中，欣赏海水中的世界。浅海底并不幽暗，阳光穿透清澈的海水，光线随着波动而折射萦回，照射在鲜艳的珊瑚枝上，而珊瑚中穿梭着有斑纹的热带小鱼。

海水冲刷海岸，带走了所有的忧愁，张雨生的《大海》如此放声歌唱。这就是垦丁，如果它的名字中包含了太多的苦难，那么现在它便是苦难过后的一次美丽重生。

▲垦丁农场一隅

Vienna

多瑙河上跳动的音符——《蓝色多瑙河》

维也纳

枕着美泉宫最迷离的光影，午后浓荫下，多瑙河始终深情地吟唱着中世纪的传说；金色大厅的余晖暗淡了维也纳森林最多情的云杉，霍夫堡的华美庄严已将《蓝色多瑙河》奏响。

多瑙河是蓝色的吗？

或许是吧，又或许不是，但那全都无关紧要。

当小约翰·施特劳斯的心绪飞扬，当新年音乐会上琴曲涤荡，当轻盈活泼的音符冲破战败的阴影，当希望的黎明在五线谱上跃动，当多瑙河的蓝色堆蕴起芳菲，当“第二国歌”唱响了史蒂芬大教堂的晚钟，当阿尔贝蒂娜的沧桑点染了圣诞市场，蔚蓝清新的维也纳，便已恍若天堂。

从遥远的天边俯瞰维也纳，好像是一位秀丽高贵的妙龄女郎亭亭站在欧洲大陆中央。多瑙河的波浪温柔地触碰着两岸，北海的微风轻轻抚摸着眼前的少女，湿润而温暖。

维也纳位于奥地利东北部阿尔卑斯山北麓维也纳盆地之中，三面环山，就像襁褓中熟睡的婴儿。在城市边缘广袤的草地上，多瑙河蜿蜒穿过，绿水青山映照着平静的城市，像是一幅色彩浓重的油画。如果有机会站在阿尔卑斯山上鸟瞰维也纳，可以清楚地看见维也纳森林像起伏的波浪，城区的美丽建筑则是扬帆起航的船。圣斯特凡大教堂和双塔教堂的尖顶高耸入云，哈布斯堡王朝的皇宫——美泉宫，仿佛是别致的花园，完全没了严肃的气氛，人们在园内开心地嬉戏追逐。各种风格的教堂式建筑坐落在维也纳城区，使人顿觉这座有着一千八百多年历史的城市非同一般地圣洁和厚重。

维也纳森林环抱着城市，给维也纳披上了一层绿衣，难怪人们称这座城市为“多瑙河的女神”。流经城墙北面的多瑙河沿岸公园是游客集中的地方，如果想同时观望阿尔卑斯山和维也纳内城，可以乘电梯到达多瑙塔顶部，维也纳全城的景色一览无余，繁华的浪漫都市与天然壮美的山林尽收眼底。

提到音乐，就必然要提到维也纳，因为维也纳的名字始终是和音乐连在一起

▲维也纳艺术史博物馆前的塑像

◀行走在维也纳郊外的复古马车

的。海顿、莫扎特、贝多芬、舒伯特、约翰·施特劳斯父子、格鲁克和勃拉姆斯等音乐大师都曾在此度过他们难忘的音乐生涯。今天，莫扎特的足迹似乎依然印在公园的鹅卵石上，而小约翰·施特劳斯全神贯注演奏的《蓝色多瑙河》，也仿佛流淌在多瑙河上空，发出耀眼的光芒。

不朽的华尔兹圆舞曲在城市里回荡，为这座浪漫的音乐城市增添了勃勃生机。今天的维也纳同样是音乐的世界，舒伯特的圆舞曲回响在维也纳城的上空，欢快的节奏宛如可爱的精灵在尽情歌唱。我们看不见，却能感受到它们的脚步声。

沿着节拍往前走，或者拐几个弯，不需要问路便能找到有“世界歌剧中心”之称的维也纳国家歌剧院，它位于维也纳市中心的格林大道上。现代化的国家歌剧院已经不同于当年17世纪的木结构剧场，它仿照意大利文艺复兴时期大剧院的式样，是高大的罗马式建筑。正面高大的门楼有5个拱形大门，楼上有5个拱形窗户，5尊分别代表歌剧中的英雄主义、戏剧、想象、艺术和爱情的歌剧女神的青铜雕像就立在窗口上。

夜色很快降临，鹅卵石表面的圆润光华逐渐褪去，街道两旁的楼群也开始安静下来。夜色中的维也纳不需要色彩斑斓的霓虹灯，此刻大街上好似海水退潮时的宁静与空荡，不知什么时候小夜曲逐渐弥漫开来并迅速占领整个维也纳的夜空。

巴洛克式的古旧建筑在夜空中显得自由而奔放，而此刻维也纳却在人们依然忙碌的身影中安然入睡了，做一个长长的梦，等明年春天来的时候，再悄悄地为你讲述梦里的故事。

▲芙蓉镇与猛洞河

猛洞河上游河道狭窄，流急滩陡，下游河面渐宽，水平如镜，是漂流爱好者的乐园。

Furong Town

多难也要坚强地活着——《芙蓉镇》

芙蓉镇

碎金般的阳光照耀着清晨的芙蓉镇，滚落了露珠的芙蓉花还潺潺着溪流。溪的另一边，万缘桥下绿水轻抚着萋萋芳草；桥的那一边，筋竹涧的柔波仿佛要融化本觉寺的禅唱，一如那对曾经搅动了芙蓉风云二十载的男女。

勤劳美丽的胡玉音，在那个特殊的年代，奇迹般地绽放出了一抹隐藏在灵魂深处的果断与倔强；温文尔雅的秦书田，在被扣上“右派”的大帽子后依旧难改骨子里的书生意气。或许，好事终究多磨，动荡的岁月也总最令人感喟，但时移事易，芙蓉镇却还是那个原汁原味的芙蓉镇。

清水出芙蓉，天然去雕饰，《芙蓉镇》很纯，芙蓉镇绝美，于是，天光正好的时候，挽着爱人一起邂逅芙蓉镇的绿树繁花、小桥流水、湘西风情、土家芬芳，便成了最绝妙的选择。

▲ 层叠错落的吊脚楼

芙蓉镇原名王村，后来因为小说《芙蓉镇》改编的同名电影而得名。但是在当地人心目中，王村就是王村，一个小小的村子。层叠错落的吊脚楼；平整又安静的石板路；闲时的街道布幌翻飞，寂静时又有点荒凉。每每经过，都会有一种心境升华、皈依真性的感觉，也许外面的世界真的太无奈，要来这里走一走才能体会到回归的感觉。

王村之所以叫村是因为它很小，有时候连本地人也会感到很奇怪，它居然也有千年的历史。几千年，外面的世界发生了翻天覆地的变化。但是在王村，时间似乎是静止的，房屋还是吊脚的，豆腐还是米做的，门前的大黄狗还是汪汪叫……

走到村口，便能看到那条60米高、42米宽的瀑布，水流倾泻而下。这条瀑布的气势自然无法与黄果树瀑布相比，甚至不能与中国大多数的瀑布相比，但它的可贵之处在于安详、友好、不离不弃。山间的清溪，固执地走了千年，冲刷着陡坎和溪床，慢慢地在瀑布身后形成了一个巨大的洞穴。村子里的人就依靠洞穴里的水生活，还经常可以看到年轻的女子来这里洗衣服，嬉笑声荡满了整个山涧。瀑布、洞穴之于村民就像父母之于子女，细心呵护，无微不至。

Hawaii

人生若只如初见——《初恋五十次》

夏威夷

若日日浪漫不复，深情常被遗忘，你还会再爱吗？若恋人相见不识，追求日复一日，你还会再爱吗？若白首依旧如新，刻刻需要重相知，你还会再爱吗？

亨利的答案是：会！

自从与患有短期记忆丧失症的露西相识，亨利便不可自拔地爱上了她，即便翌日阳光温暖眼眸的刹那，他便会从她的记忆中消失。

其实，相见不识固然是难解的残酷，但日日若初恋又何尝不是一种幸福。

人生若只如初见，何事秋风悲画扇。初见与初恋，原便是最美好的啊，《初恋五十次》，该有多幸福；更何况，最初邂逅的地方，还是唯美如人间伊甸般的爱情圣地——夏威夷。

在太平洋中部，夏威夷群岛就好像是一串最亮眼的珍珠，等待你欣赏。

从1900年成为美国领土，并在1959年被承认为美国的第50个州开始，夏威夷就一直是美国人心目中最佳的度假天堂。作为由8个主要岛屿组成的群岛，夏威夷是世界上最活跃的火山之乡。著名的莫纳罗亚火山和基拉韦厄火山，高耸的火山口以及壮美的峡谷吸引着来自全世界的人们奔赴这个热带天堂。

因为族群的多元化，夏威夷在美国各州中独树一帜，不仅有高加索人，还有日裔美籍以及波利尼西亚人等。多年移民潮的冲击，外族人的不断涌入，也没能使当地的土著夏威夷人改变他们的很多习俗与传统，这让夏威夷成为美国唯一的一个可以用当地语言作为官方语言的州。

檀香山市是夏威夷的首府和最大的城市。对于大多数怀抱着无限期望奔赴这个热带天堂的人来说，最令人神往的就是这里的海滩日落了。夏威夷的魅力不只在于热情的人们，还有不时传来的吉他声。被阳光涂成了金色的人群、大海、波浪，这些无疑都是最让人着迷的。

拥有如此迷人的魅力，不得不感慨造物主对这片土地的偏爱。夏威夷全年的气温都在14℃～23℃。夏天的时候稍暖和，冬天的时候也只是凉了那么一点，对于很多人来说每天都可以成为去海滩晒太阳的好日子。在总面积超过1.6

夏威夷檀香山是个令人着迷的地方，
这里的海滩日落最令人神往。

▲夏威夷威基基海滩

万平方千米的群岛区，132个大小岛屿组成了“人间天堂”，这其中最吸引人的岛屿便是瓦胡岛，此外还有毛伊岛、可爱岛和摩罗凯岛。

夏威夷拥有世界上最迷人的海滩，山与海相连，海岸线曲折多变，总长度达到200千米，沙滩总长298千米，还有长达40千米的天然海滩浴场。夏威夷雄伟的山都是在数百万年前的火山运动中形成的，海洋底部被顶起，形成了绵延近两千多米的岛屿。早在亿万年前就形成的珊瑚礁经过海浪的不断拍打，碎裂成了几千米的沙滩，任凭人们赤足踩踏，享受着最最温柔的脚底按摩。

热带天气让夏威夷一年四季都盛开着奇花异草，粉色的女人花、鲜红的凤凰树、翠绿的合欢树和神奇的天堂鸟花，颜色绚丽夺目，配合游人身上色彩艳丽的夏威夷衫和五颜六色的帐篷，一派热闹繁华的景象和海天之间的静谧，形成了和谐而又鲜明的对比。

夏威夷是一个“没有陌生人”的城市，因为这里的每一个人都那么热情。人们常说夏威夷最迷人的部分就是当地人真挚的温暖，并且亲切地将它称为“阿罗哈精神”。在这个世界文化大熔炉里，每一种文化都可以在这里找到彼此的共同点，并且在夏威夷友好相处。

组成夏威夷群岛的上百个岛屿，就像是串联了一条长长的项链，从太平洋上由东南伸展到西北。这些岛屿位于热带，经过海流的不断努力，从东北而来的微风吹拂着它们，让海边的峭壁也充满了温情。

夏威夷群岛之中最出名的莫过于瓦胡岛了，这座菱形岛屿不过64千米长，42千米宽，却是夏威夷人活动的中心，因为檀香山就在这里，夏威夷超过一半的人口也都居住在这里。大名鼎鼎的珍珠港距离这里有11千米。威基基海滩是古代夏威夷统治者最喜欢去游乐的地方，如今也已成为游客们最爱去的地方，在檀香山和一座名为“钻石头”的死火山之间，黄沙、黑沙与白沙交相辉映，构建出游客心中最美的夏威夷风景。

考艾岛也是夏威夷诸多古老岛屿中独具特色的一座岛屿，岛上不仅树木葱茏，而且还有死火山怀厄莱阿莱山。这座岛以雨水充沛而闻名，是世界上雨水最多的地方之一。

▲夏威夷毛伊岛，这里是人们冲浪、扬帆的绝佳选择。

既然是火山岛，来到夏威夷的人们自然不能错过这里各具特色的火山。位于群岛中部的莫纳罗亚火山海拔4169米，是世界海岛火山中最高的活火山，其基底呈椭圆形，覆盖地面5180平方千米，体积也是世界最大。

在过去的两百多年里，莫纳罗亚火山喷发过三十多次，每一次的喷发都惊心动魄，在山顶留下了好几个锅状火山口。在火山喷发的时候，除了火山口能喷发出200米高的熔岩之外，山坡上的裂缝也不时地喷出熔岩，有的可以达到十五六米高，形成“火帘”奇观。1950年，沉寂多年的莫纳罗亚火山出现了一次爆发，岩浆喷出的高度甚至超过了纽约帝国大厦。熔岩从火山口和裂缝中不断涌出，滚烫的岩浆沿着山坡以每小时40千米的速度流下，汇入大海，让海水都顿时沸腾了起来。当时的海面上蒸汽冲天，海中的鱼虾也难逃被煮熟的厄运。这次喷发持续了一个月，最终形成了一个新的岬角。

基拉韦厄火山是夏威夷群岛的第二大火山，也是世界上最年轻、最活跃的火山之一。在过去的50年中，它喷发了三十多次，目前还处于成长期，所以会经常喷发。而冒纳凯阿火山则是一座死火山，浸入海底的高度加上冒出海面的部分，冒纳凯阿火山的高度不亚于珠峰。在这座死火山上，还有加拿大、法国和夏威夷联合兴建的一座天文观测站，世界上最大的光学望远镜——凯克望远镜就位于此。

想在夏威夷找到最迷人的一处海滩，似乎是一件困难的事，因为

▲穿着夏威夷服饰的少女

这里的每一个角落似乎都充满了让人欲罢不能的魅力，而威基基海滩又是夏威夷最值得骄傲的去处。这里除了笑脸和热情，那看得见色彩的阳光似乎让你远离了一切烦恼，与天长地久无关，与刻骨铭心无关，这里只有快乐。

威基基海滩是蓝色海洋的天堂，海水清澈，沙滩细腻而又平坦，纵情地去享受阳光浴，再冲到海浪之巅体会一把冲浪的魅力，你会感到心情像那蓝天一样空旷明亮。

融入夏威夷的世界并不需要匆忙的脚步，你只需要挑一个晴朗的上午，在沙滩上撑起一把巨大的遮阳伞，然后换上绚丽的比基尼，躺在沙滩上，让温热的沙粒轻轻地触摸你的后背。将双脚轻轻地伸出遮阳伞的阴影，让热情的阳光尽情地照抚，这时的你不需要睁开眼睛，让疲惫的心灵在这里得到休养、感受海风吹来的快乐就是你需要做的事。

海滩上，笔直的椰子树将叶片伸向蓝天，宽大的叶子在风中挥舞，像夏威夷女孩的舞蹈一样热情。雪白的浪花在阳光下闪闪发亮，一会儿将沙粒推向岸边，一会儿又退到远处望着海岸，像是一群不谙世事的孩子在快乐嬉闹。穿着夏威夷服饰的女孩远远地走过来，微风不断吹起她的裙角，扬起浪漫的弧度。男孩的唇落在女孩的额头，他们互相依偎，似乎不在喧闹的海滩，恰如置身在与世隔绝的桃花源。

旅行·印象

夏威夷草裙舞

夏威夷是一个充满了热情与浪漫的地方，在这样的地方又怎么可以缺少舞蹈？草裙舞作为夏威夷的特色舞蹈，是人们心目中的夏威夷名片。传说第一个跳草裙舞的人是舞神拉卡，她用草裙舞招待自己的姐姐火神佩莱。佩莱看到这个舞蹈特别喜欢，就用绚丽的焰火点亮了整个天空，从此之后草裙舞就成为夏威夷人向神灵表达敬意的宗教舞蹈。在波利尼西亚特色的悠扬乐曲声中，草裙舞舞者轻盈的肢体并不会大幅度摇摆，但双手却异常灵活，配合着音乐的旋律变幻流动。她们眼含秋波，舞姿似柔水，似乎在向人们讲述古老岁月里关于火山和爱情的故事。

在海边椰树中间绑一个吊床，躺在上面吹着海风，观赏落日与大海，时间就在这样的美景中悄然流逝，人生也在不紧不慢中从容起来。

3
Chapter
爱自己是终生浪漫的开始

▲姬路古城与樱花相映成景

Tokyo

东京

假如我们相遇，肯定一眼就能认出彼此——《你的名字》

无论你在世界何方，我一定会去见你。立花泷就这样义无反顾地恋上了三叶，三叶也那般一往无前地恋上了花泷。她要来寻他，不为其他，只为一个名字，一个姓氏；只为相信若然相遇，定然能一眼认出彼此。

每次看《你的名字》都忍不住为那唯美的画风，那温暖中带着几许苦涩的故事感动，于是，忍了再忍，终于还是忍不住邂逅了那氤氲着泷与三叶别样浪漫的地方——东京都。

暮春之初，淡淡的清香弥漫在日本诸岛上空，那是“日出之国”特有的香气。

樱花的生命如此短暂，一朵花蕾从开放到凋零，不过七日之期，整株樱树的花期也不过两周时间。每逢樱花飞舞，如潮的赏花者便涌到樱花树下，在开至荼蘼的樱花下感悟人生。

春季，日本美得最为浓烈的时节，坐在东京上野公园遮天蔽日的樱花树下，眼前的一切都变得如梦似幻起来，3月的阳光下，枝头樱花如团云似初雪，层层叠叠的花朵渲染出无数种粉嫩。仔细打量，就会发现这如簇繁花由无数朵小花组成，它们努力绽放着最为灿烂的笑容去迎接春天，然后在最辉煌的瞬间告别生命。

日本人称赏樱为“花见”，树下赏樱饮酒被称为“花见酒”，香风吹拂，树上樱花纷纷飘落，被形象地命名为“花吹雪”。早在14世纪的室町时期，武士阶层便开始举办“花见宴”；江户时代，赏樱习俗由上流社会传至民间。至19、20世纪之交，中国诗人、外交家、政治家黄遵宪出访日本之时，见识到了日本举国上下如痴如醉的赏樱热潮后，挥笔写下了“十日之游举国狂，岁岁欢虞朝复暮”的诗句。

短短的十几天花期中，白日赏樱，仍旧不能令喜爱樱花的日本人感到满足，夜晚时分，在树下驻足流连，观赏夜樱，别有一番风味。为了方便人们观赏夜樱，各个公园在夜间都会挂起灯笼，在灯光映照下，樱花洁白动人更胜日间，晚风拂过，樱花更如飞雪般纷纷扬扬洒落。正如诗中所言：“只恐夜深花睡去，故烧高烛照红妆。”

出于喜爱之情，樱花在日本已经成了春的象征，当南端冲绳的樱花开放之时，就宣告了春天的到来；当北端北海道的樱花落尽，就知已是暮春时节，初夏将至。

到了每年樱花开放的时节，日本气象厅便会以国民最喜爱的“染井吉野樱”为追踪对象，观测预报各地花开的日子，跟踪报道各地的花开景象。气象厅将樱花开放时期相同的地点，连接成一条条类似气压线的“樱花前线”。

一般情况下，“樱花前线”会按照从南向北，从沿海向内陆，从平原向山区的顺序依次推进。樱花的开花期则大致分为蓓蕾、初开、五分开、七分开、满开、凋落和全谢7个阶段。几十年间，这些信息已经成了每年“花见”之期日本人早起最为关心的事情。

早些年，人们会在上班的路上，一边从报纸的头条上阅读“樱花前线”的信息，一边在心中暗自勾勒假日前往公园赏樱的场景，心中的期盼让一天繁重的工作也变得不那么枯燥了。

如今，更多的年轻人习惯于“花见”之期在互联网上关注樱花开放的信息，网站不仅会有实时更新的“樱花前线”消息，更有许多人会将当地樱花开放的照片分享至网上，这让无法前往的人也能通过网络，领略樱花开放时的胜景。

对于时间充裕的赏樱爱好者们，追逐“樱花前线”的脚步，可赏尽全岛花。跟随这些“逐樱者”的视线，我们将看尽整个日本列岛的风光。这个季节的日本，繁花在公园里簇拥，街道旁映衬，河道畔恬淡舒爽，寺院中清幽淡雅，山野上旷达浪漫。只有身在其中，才能够感受到那种抬头赏繁花、低头看落瓣的美妙景致，无怪乎人们会不顾旅程的辛劳，一直追逐着樱花开放的脚步。

▲赏樱游人如织

在日本人眼中，樱花之美，在于盛放之时，那种极致的热烈和奔放，在于飘落时的孤高与决绝。单朵单株的樱花开放时虽平淡无奇，但当千百株樱花树簇拥在一起竞相绽放、一齐凋零的时候，才能感受到那股壮烈之美。

上野公园是日本最著名的“花见”胜地之一，它是东京最大的公园，面积达52.5万平方米。江户时代，这里曾是德川家族的家庙以及一些诸侯的私人宅邸。1837年，明治天皇下令将其改为公园，使之成为日本历史上第一座公园，因此它又被称为上野恩赐公园。

上野公园景色宜人，江户和明治时代的建筑散落在苍松翠柏之中，与湖光山色相映成趣，不过这里最吸引人的景色还是每年春天盛放的樱花。现在上野公园已有一千三百多株樱花，其中樱花名品“染井吉野”，就是由上野公园开始而广为人知的。

每逢“花见”之期，上野公园樱花大道云朵绯红的景色，早已在鲁迅先生笔下化作我们对日本樱花最为深刻的印象。漫步在灿烂的樱花树底下，好似跌入了一个浪漫、梦幻的世界。眼前小的、大的，含苞待放、灿烂多姿、即将凋谢的樱花，都有各自独特的美态，让人禁不住发出惊叹。随风而动时，樱花在枝头乱颤，更是风情万种，花儿也好似在热情地和游客微笑致意。

上野公园一角

现如今，上野赏樱已经成为日本人最为重要的春游项目之一，趁着花期，或是带着家人同游，或是与恋人偕行，三五成群，两两相约，欢歌笑语。

许多赏樱的游客，不仅带着铺垫之物，在树下席地而坐，还会拿上便当，效法古人在树下来一场“花见宴”，真是惬意至极，也无怪乎，许多爱樱花爱到痴迷的游客，会在天没亮的时候便来到公园，以占据“风水宝地”，得一日之悦目赏心。

樱花花期短暂，赏樱时机更显宝贵，来这里看樱花的，不仅仅是本地人，还有慕名而来的八方游客。然而，公园里只有少数路口有三两个警察和志愿者维持秩序，往来行人自觉自律，秩序井然，公园里不会狼藉遍地。

旅行·印象

上野公园

上野公园的文化氛围亦甚深厚，珍藏有87件日本国宝的东京国立博物馆，其四馆之一的表庆馆本身就是一处珍贵建筑；藏有罗丹、莫奈、毕加索、鲁本斯等大家名作的国立西洋美术馆；展示日本传统浮世绘和油画等杰作的东京都美术馆；以及国立科学博物馆、东京文化会馆、上野之森美术馆等，使上野公园有“文化森林”之誉。

由于此地当年曾是德川幕府的家庙，因而1650年修建的供奉德川家康的东照宫以其建制的宏伟而成为上野公园最重要的古迹之一。这种宏伟的气派由列于东照宫参道两旁诸大名所敬的95座石灯笼和195座青铜灯笼就可见一斑，其中高6米、名为“鬼灯笼”的作品堪称一绝。而东照宫的唐门、本殿和择殿等，均是日本古典建筑的精品。

Paris

巴黎

痛苦总是守在欢乐旁边——《巴黎圣母院》

漫溯着西岱的风景如画，不经意间，便邂逅了那斜风细雨中最炫美的玫瑰花窗，爱斯梅拉达翩跹的身影似在昨日，驼背的敲钟人亦流岚了日光。

▲卢浮宫前酷似金字塔的入口

维克多·雨果用最诗意的笔触勾勒出了圣母院的悲情，或许，这种悲情我们不懂，却也不妨在潇潇落雨中静静地与这座氤氲着中世纪风情的哥特式教堂擦肩；然后，带着一种凄美的情怀，漫步巴黎，邂逅全世界所有的浪漫。

对于巴黎，人们很难给出一个精准定义，有人说它是万丈红尘里的销金窟、销魂蚀骨的温柔乡；有人说它是艺术家的自由天堂、人文景观的集中地；海明威曾说“巴黎是一场流动的盛宴”；里尔克也说“巴黎是一座无与伦比的城市”……是的，巴黎是一座无与伦比的城市，再也没有另一座城市能像它那样懂得兼容并蓄：不论是古典与现代、自然与人文，还是时尚与流俗、优雅与拜金，都能在此找到一席之地。挺拔的埃菲尔铁塔、坚稳的巴黎圣母院、古老的塞纳河、时尚的香榭丽舍大道、荟萃各国艺术珍品的卢浮宫、展示前卫建筑风格的乔治·蓬皮杜国家艺术文化中心……拈来一景一物，都能发觉巴黎那无处不在的对应之美。

埃菲尔铁塔与巴黎圣母院体现的是时间与空间的对应之美。一处高大挺拔，一处坚实沉稳；一处象征着现代巴黎，一处象征着古代巴黎。

屹立在战神广场的埃菲尔铁塔是法国的象征。19世纪80年代，法国政府为了纪念大革命胜利100周年，同时迎接1889年的万国博览会，采纳了桥梁工程师古斯塔夫·埃菲尔提交的一套设计方案，并建成今天这座塔身高300米，天线高24米的人字形镂空铁塔。

埃菲尔铁塔虽然已过百岁高龄，但它的雄健之美仍然惊世骇俗。这是一座无论站在巴黎城任何角落都能一眼望见的钢铁巨人，从下方仰望，由7000吨钢铁构建而成的庞然大物巍峨挺拔，直插云霄；再乘坐电梯直达铁塔274米高的顶层观景台朝下俯视，全巴黎美景可尽收眼底。当落日余晖倾城而洒，道道明媚的金光勾勒出高楼影像，登临者恰似城市之巅的王者，一俯一仰间尽享万丈荣光。

若把埃菲尔铁塔视作现代巴黎的象征，那么圣母院即是古代巴黎的象征。法国文学家雨果在《巴黎圣母院》里写下了一段爱情悲剧，也令这座古典

▲埃菲尔铁塔

▲黄昏时的塞纳河风光，烟霞似染，一条由纤细钢架支撑的墨绿色小桥横跨两岸。

建筑声名大噪。巴黎圣母院是一座标准的哥特式基督教教堂，因为全部采用石材建造，雨果在书中称它为“石头的交响乐”。圣母院呈十字形坐东朝西，门庭庄严肃穆，恢宏壮丽，石壁上排满了精美雕像，尤其是国王廊和那随处可见的精灵神像、滴水怪兽等，刀法精湛，凿工精细，实为古典建筑中的艺术珍品。

教堂顶部建有钟塔和尖塔。钟塔里悬挂着一口大钟，就是《巴黎圣母院》男主人公卡西莫多敲击的那口“玛丽”大钟。几百年过去，圣母院焕发新颜，善良却丑陋的卡西莫多虽然至死都未得到爱斯梅拉达的爱情，却有幸能与这座古典建筑一起名传后世。

凯旋门与新凯旋门体现的是平行与相峙的对应之美。新凯旋门的建造不能不说别具匠心。“卢浮宫—香榭丽舍大道—协和广场—凯旋门”是巴黎最知名的中轴线，新凯旋门恰恰位于这条中轴线上。它与凯旋门平行而建又遥遥相对，有人说它“居心叵测”，有意打破原有的建筑格局，还有人说它是锦上添花，加重了巴黎的时尚元素，与香榭丽舍大道一起，制约并平衡着中轴线上的各类古典建筑。不管人们怎样看待，这座新颖而大胆的现代建筑现在已成功挤进巴黎的中轴线，心安理得地成为又一大著名的建筑景观。

塞纳河与沿岸景观体现的是自然与人文的对应之美。塞纳河水色墨绿凝碧，傍晚时分泛舟河面，夕阳的余晖使河岸两侧的建筑披金带彩，静静伫立的梧桐树林里偶尔传出丝丝忧伤的曲调，前方蜿蜒流淌的河水开始在夜色的掩饰下渐渐流露妩媚风情。待到夜幕完全低垂下来，似消似隐的埃菲尔铁塔乍放异彩，宛如一枝巨大的暗夜银花，流光溢彩熠熠生辉。那明亮亮的光，将塞纳河近处的河水都映照得一片波光碎影、涟漪烁金。

沿河而架的36座桥是塞纳河上著名的建筑景观。最壮观最具看点的要算那座亚历山大三世桥。它将香榭丽舍大街和荣军院广场架通相连，大桥两端四座桥头上各筑有一座爱神镀金雕像。另外，这里还有巴黎最古老的三座桥：玛力桥、王桥和新桥，它们均在17世纪建成，距今已有三百多年的历史。

然而，塞纳河真正让人迷醉之处其实在于历代大师们留下的浓厚气息。莎士比亚曾在这里构建“第二编辑部”；海明威在这里提笔撰写《太阳照常升起》；毕加索在这里与朵拉·玛尔小姐一见钟情；萨特和情人西蒙·波伏娃在这里讨论“存在与虚无”；巴尔扎克曾沿着河道失意徘徊；大仲马、雨果、亨利·米勒、詹姆斯·乔伊斯、夏加尔都曾在这里匆匆走过……如果你有足够的时间在巴黎流连，就不妨来左岸喝杯咖啡吧，仔细体会当年肖邦为何情愿用钢琴换取一杯咖啡，也体会一下在文学大师们的心里，当年的塞纳河又是怎样一种流动的姿态？

巴黎这座繁华城市隐藏着的对应之美绝不限于以上几点，其他还有卢浮宫与乔治·蓬皮杜国家艺术文化中心、香榭丽舍大道与唐人街等。对于一座集聚诸多对应之美的城市，确实很难一言评定，还是借用里尔克的那句评语吧——巴黎是一座无与伦比的城市。

▲巴黎圣母院

▲上海外滩

Shanghai

半生缘，其实就是一生——《半生缘》

上海

“回首半生匆匆，恍如一梦，你像风来了又走，我心满满又空，回首半生匆匆……”一曲《半生缘》唱出了大上海多少繁华与凄迷，一部《半生缘》又演绎了灯红酒绿中多少繁华与无奈。

顾曼桢与沈世钧的错过，顾曼璐与祝鸿才的错爱，石翠芝与许叔惠的错遇，不过都是上海滩红尘浮梦中斑斓的肥皂泡，轻轻一碰，便破了、碎了，剩下的便唯有大上海亘古的繁华、不变的扰攘及那永远的情结。

上海外滩位于黄浦江畔，是上海的一道亮丽风景线。150年前，殖民者们踏上了中国南方这块神秘而陌生的土地时，看中了黄浦江的这片江滩。历经风雨，这条曾经由纤夫与苦力们用双脚踏平的纤道，经过百年的发展，成为一条高楼林立的大道，外滩古典与现代风格并存，已经成为上海风情的象征。

▲上海浦东

外滩又名中山东一路，全长约1500米。外滩西边是鳞次栉比的西洋建筑，52幢风格迥异的大楼是外滩的精髓，被称为“万国建筑博览群”，令人目不暇接。建筑群北起苏州河口，南至金陵东路，许多经济与文化的重要机构驻扎在此，其中包括中国银行大楼、和平饭店等，再现昔日“远东华尔街”的雄风。外滩的建筑群并非出自同一位设计师之手，也不是建于同一个年代，然而色调和轮廓却惊人地协调，无论是在东方明珠电视塔上极目远眺，还是徜徉其间，都能感受到上海外滩雄浑而雍容的气势，在黄浦江的映衬下宛如一个巨大的水晶球，在东方大地上显现出各个时代的风情。

东方明珠电视塔是上海的地标建筑，它坐落在浦东新区陆家嘴，屹立在黄浦江的另一面，与外滩隔江相望。东方明珠电视塔高467.9米，远处是上海浦东新区，脚下流淌着黄浦江。登上这座亚洲高塔，将大上海尽收眼底，一定是个令人难忘的经历。东方明珠电视塔上最为浪漫的是亚洲最高的旋转餐厅。入夜时分，黄浦江两岸的灯光渐渐亮起，流光溢彩令人沉醉，“新七十二家房客”的人间烟火在十里洋场中缓缓氤氲开来。在这样甜美而温馨的氛围中，点一盏复古油灯，品尝大厨精心烹制的法式蜗牛和芝士蛋糕；侍者踏着优雅的步伐送来白葡萄酒，透明的液体碰触到味蕾的一刻，你只愿祈祷长醉不醒。

如今这里已如上海这座无所不包的城市一样，优雅地焕发出新的生命力。

上海外滩夜景

Argentina

名与利，我从不希冀——《阿根廷啊，别为我哭泣》

阿根廷

“阿根廷啊，别为我哭泣，事实上，我从未离开你……”一曲《阿根廷啊，别为我哭泣》，将布宜诺斯艾利斯的阳光席卷；一句“谢谢您的存在”，让一段震撼阿根廷的倾城绝恋开端。

岁月辗转如梭，那位演绎了太多传奇、经历了太多悲欢的“第一夫人”早已不在，但漫步布宜诺斯艾利斯，我们却仍能在不经意间寻找到她的痕迹，譬如玫瑰宫，譬如五月广场……

南美洲像一把尖刀从赤道直指南极，安第斯山脉如同这把尖刀的利刃，将从南极吹来的满载雪絮的风挡在阿根廷南端的圣克鲁斯省冰川湖。这洁白寂静的冰川深达180米，沉睡在终年积雪的安第斯山脉臂弯中。高纬度的寒冷气候和来自南极的风长年累月将这里变成了一片令人惊叹的冰雪世界。

从大名鼎鼎的阿根廷沿海城市布宜诺斯艾利斯乘坐夜间航班，在接近三小时的旅途中一路见证了城市的消失，熙来攘往的海滨和整齐精致的欧式小镇相继退到视线之外。飞机飞行途中，向下俯瞰，那空旷的白色水域是阿根廷湖，继而在夜色中看到延绵不绝的山脉，渐渐地，雪山出现了，夜幕下的雪山忽宽忽窄，忽隐忽现，泛着蓝色的微光，像是有谁不经意间把一桶有魔力的半透明颜料泼洒在深蓝的画布上。此刻，你在大地之上，雪山之巅，在云端之间，在世界尽头。

每个前往阿根廷冰河的探险者必将取道群山凹陷处的小镇卡拉法特，卡拉法特小镇被光秃秃的巴塔哥尼亚山包围，孤零零的机场、公路和仅有的几处便利商店散落在笔挺的白杨树之间。清晨下着雪的萧瑟小镇不免让人心情有些压抑，但沿着柏

▲阿根廷冰川

油山路一路向南，天光云影渐渐发生了变化。早晨棉絮一般的白雪温柔地覆盖在远山之上，仿佛是造物之手在运笔，用白色在天幕上勾勒出山的轮廓，原本赤裸突兀的群山渐渐有了柔和的线条，高纬地带的针叶乔木和低矮灌木浓密的覆盖在山的表面，黛色的山峦倒映在镜面一般寂静的阿根廷湖中，越向南走，山峰开始出现雪顶的踪影。

直到100千米的山路走到尽头，抬起头远眺阿根廷冰川的一瞬间，仿佛一阵微弱的电流贯穿全身。白色的大地、山川和云朵，还有没有一点儿杂质的湛蓝天空，如此简洁却充满力量，或许只有被按在水中，抬起头来呼吸到的第一口新鲜空气才可以匹敌此时此刻阿根廷冰川带来的震撼。语言和温度都失去了意义，剩下的只有白色的沉默。

阿根廷冰川是阿根廷南端发源于巴塔哥尼亚高原的47条冰川的总汇，1945年被阿根廷列为国家公园并加以保护，在1981年被列入联合国世界遗产名录。这片广阔的冰原是继南极大陆之后地球上被

冰雪覆盖最广的区域。岑寂而包容的巴塔哥尼亚冰原接纳了来自南美洲南端的几十条冰川。而这片看似沉寂静止的白色世界却在以千年为时间单位缓缓移动着，此外由于外貌的不断改变，这里每天都有壮观的“冰崩”发生，是世界上罕见的依然“活着”的冰川。

缓缓地进入冰川国家公园深处，浩瀚的阿根廷冰川在眼前铺展开来。白色的冰川仿佛将整个世界的声音吞没，如果给此情此景配乐，那这片至静至远的天光背后流淌的一定是杰奎琳·杜普蕾用生命演绎的低沉而热烈的大提琴曲。

没有尽头的冰川是凝固的浪花，时间是冰雪的同谋，共同酝酿着掀起一场又一场白色的巨浪，并且在浪花盛开的最绚烂的一瞬间突然静止，浪花依次定格在冰面上，映衬在蓝天与湖水之间，那是一种令天地无言的大美，美得突兀，美得纯粹。

驻足于延伸至湖面的亲水平台，不时有浮冰顺着宁静的湖水缓缓漂流至眼前，它们或是用了几千年时间缓缓下滑到湖中，或是只用一瞬间便从冰山最高处跌落。形态各异的浮冰在阳光照射下透射出晶莹的光彩，当它们由远及近，渐渐占据所有视线时，一种极强的震撼力让你深刻感受到它们是有生命的。

▲阿根廷冰川国家公园

沿着崎岖的冰原前进，冰川和雪峰形成的大峡谷在道路两旁缓缓后退，不一会儿，令人屏息凝神的冰墙再次倏然而至。冰墙高约50米，长1000米，兀自伫立在冰河中央。日光和风将冰墙表面抛光打磨，一层层轻薄如蝉翼，缥缈如雾霭。仰望这亦真亦幻的景象，一时不知自己置身何处，仿佛这堵冰墙真的是世界边缘的古老城墙。穿越这城墙的断壁残垣，抵达一条向下倾斜的公路，那里有茂密的针叶林和荆棘类植物。

阿根廷冰川国家公园虽地处高纬度地区，却并不寒冷，充足的水分使得此处树木葱郁，在白色背景的映衬之下显得更为苍翠。冰川浓重的白色还未在脑海中消退，路的尽头便又是一片形态各异的浮冰，那是某一处冰墙倒塌后留下的残骸，“事故现场”水花四溅已无从追寻，冰墙的碎片却像燃烧的白色火焰一般涌动在湖面上，热烈却无声。

有人醉酒，有人醉氧，倘若长时间停留在阿根廷冰川国家公园，想必也会被这过度清净、过度纯粹的世界灌得酩酊大醉。这片冰川仿佛真的有种魔力，让人想要与这纯白的景色融为一体。

▲哈尔滨带有异域风情的教堂

Harbin

满天星光，满屋月亮，人生何如——《呼兰河传》

哈尔滨

流星最美的刹那，是绽放；哈尔滨最纯粹的情怀，在呼兰。童年的回忆穿出了旧日的斑斓，清婉的笔端一如当年流岚，每次读萧红的《呼兰河传》，总能品出各不相同的味道，于是，文字彼端、承载着少女如花岁月的哈尔滨便也成了心之所钟之地。放河灯、逛庙会、唱秧歌、贺团年……深冬时节，踏着冰花，邂逅冰城，无疑是个绝妙的选择。

海纳百川，有容乃大。哈尔滨的美，便基于这样的胸襟。各民族、多国家的相互融合，即使是晦涩难懂的外国语言，也在比比画画间多了几分灵巧。贯通中西的天然优势，似乎成为这座城市迅速发展的砝码，暗示着未来某日的一飞冲天。别以为冰城就只有在冬季才尽显妩媚，看一看苍穹下哈尔滨怒放的生命，犹如松花江里踌躇满志的鲤鱼，随时等待跨越龙门时的腾飞。

▲在哈尔滨，有很多别具一格的欧洲风情教堂。

漫步在哈尔滨的街头，满眼欧式风格的建筑伫立其间。笔直且宽阔的道路两旁，拒绝高层的小楼以白色、土黄等色调调和着整个城市的色彩。一路繁荣，一路欢歌，如今，这里又全然演绎出俄式建筑的绮丽风格。

中央大街是街道中尤为引人注目的一条，熙熙攘攘、往来如梭的人群，充满坚定的眼神，彰显出北方人的特质。虽然年代久远，路面高低起伏不平，街道两边的建筑仍显露出华丽的色彩、异国的情调。镶嵌在地上的花岗岩地砖，大理石柱上精致的浮雕，窗台上镂空的花纹，古老的俄式建筑，在时间的洗礼中更显出别致的韵味，幽深而绵长，将如烟往事散落一地。

隐约中，仿佛我便是那手持阳伞，身着蕾丝长裙的美丽女子，你便是那打好领结，身着燕尾服的英俊男人，我搭着你的手，登上街角维多利亚式的马车，一场华丽的婚礼就此拉开序幕。原来，不经意地驻足，竟停留在高耸的教堂跟前。难怪脑海中的幻想会如泉涌一般汩汩。典型的俄式大教堂，教堂中是绿色的拜占庭风格，十字架巍峨地伫立在正中，明朗的绿交替着古朴的红，教堂特立独行的美丽，让人心生虔诚。

旧时，一处处都散发出别致人文气息的哈尔滨，总是吸引着世界各地知名的艺术家、传教士……将灵魂释放到自然古朴的风景中，那种心灵深处的向往，

在这里，如遇海上灯塔般被指引，沐浴诸神的明光，迎接身体和灵魂超凡脱俗的新生。

当索菲亚教堂的钟声不再敲响，当这片土地不再满是神秘的镜像，每个明朗的清晨与黄昏，享受着列巴、红肠的美味，苏波汤的滋润，在哥特、巴洛克式的建筑中徜徉……就这样，中西合璧的极致被刻画淋漓，在风韵别致的哈尔滨，在美丽的松花江畔，一个凝固的音符，在与众多民族文化交融的时刻，终于奏出最为迷人的乐章。

◀哈尔滨的苏联红军烈士纪念碑

▲ 莫斯科克里姆林宫

Moscow

莫斯科没有眼泪，大雪纷飞——《莫斯科没有眼泪》

莫斯科

莫斯科没有眼泪，只有大雪纷飞，每一次想要哭泣的时候，总会想到付出的心碎。寂寞的围墙圈住了所有的防备，凛凛寒冬，路灯昏黄，没有拥抱，没有憔悴，谁又能说爱上了谁。

曾经以为，《莫斯科没有眼泪》成就的不过是一场无始无终的爱恋，真正走近它、深入它，却才知道，人生最幸福的事，不外是在深夜的红场与他（她）含泪相拥……

冰天雪地，战火纷飞，硝烟中俄罗斯人民创造了一个又一个战争奇迹，“莫斯科不相信眼泪”，细细想来，很少有哪个民族能在历史长河中如此坚持自我，如此地个性鲜明。峥嵘岁月深深地刻在了俄罗斯大地上，爬满了莫斯科沧桑的额头。“大国崛起”的印记在莫斯科随处可见，充满了激情和纯真的信仰，正如俄罗斯人所讲：“莫斯科不是一座城市，莫斯科是一个世界。”

1147年莫斯科建城，在欧罗巴大地上，它已经是一座古老的城池了。八百多年年轮回转，莫斯科坐看繁华起伏荣辱跌宕。走在莫斯科街头，你会无法放松自我，深厚的历史积淀令人肃然起敬。莫斯科是一首凝固的史诗，是一件精雕的艺术品。蓝天白云，高塔尖顶，红色墙面以及冬日的阳光、白雪，莫斯科简单的轮廓彰显的是大国的气质与胸怀，放眼所及，太多的遗迹与宏伟建筑必须前往。

关于莫斯科红场，有太多的喧嚣与雄壮。红场于1658年由沙皇

▲ 红场上的教堂

命名，意为“美丽的广场”，在世界几大知名广场中，红场最为简单美丽，只是它承载了俄罗斯的点点泪痕、斑斑血迹。冰冷的黑色条石铺就，绛红色的墙体围铸，曾经呼喊的口号、昂首而过的军队，都刻在了历史中。

每年一度的阅兵式，使红场一次次成为世界的焦点，而红场早已习惯了宏大的军队，习惯了坦克的轰鸣，习惯了激昂的人群。俄罗斯空气中总夹杂些许寒冷，漫步在红场，你会诧异红场的肃静，偶尔有身着戎装的老兵伫立在广场中央，来往的人脚步匆匆。

俄罗斯民族是一个颇懂风情的民族，从独具民族特色的建筑就能略见一斑。红场标志性建筑是圣瓦西里大教堂，据说俄罗斯人坚定地认为这是世界上最美丽的教堂，当年修建这座教堂的沙皇为了独据这儿的美丽，竟然下令弄瞎了建筑师的双眼。不得不承认，世界上诸多的教堂中圣瓦西里大教堂的风格确实独树一帜，别有情怀。大尖顶的教

堂雄踞核心，周边错落有致地分布着8个不同色彩与纹饰的小圆顶、9个金色洋葱头状的教堂顶，圆润华美，就像俄罗斯少女一样，绝美至极。即使在莫斯科郊外亦能看到高耸的教堂顶，圣洁之光氤氲天空。

曾经不可一世的俄罗斯帝国一直被欧洲排斥，他们鄙视俄罗斯的落后，斥责沙皇的野蛮粗鲁。欧洲王室姻缘中很少看到罗曼诺夫王族的身影。彼得大帝、叶卡捷琳娜二世努力改革期望跻身欧洲上层，领土急速扩张，人口迅速膨胀，19世纪初期，沙皇亚历山大一世甚至成为欧洲的“救世主”。克里姆林宫赤红的砖墙便是俄国皇室逐步崛起的见证。克里姆林宫红色的墙体庄严稳重，色彩鲜明的白色石头装饰墙面，间杂有金色、绿色、黄色。每种颜色运用得恰到好处，既不喧宾夺主又大气壮丽。洋葱头似的塔尖气宇轩昂，将东西方风格完美融汇，既有东方的内敛又有西方的张扬，既有东方的雍容又有西方的奢华。

克里姆林宫装饰得金碧辉煌，有小巧的教堂，有巍峨的钟楼。著名的“莫斯科钟声”来自伊凡大帝钟楼。伊凡大帝钟楼是克里姆林宫最高建筑，金顶卓然。内有大小不一的古钟几十座，“世纪钟王”重达203吨，铸造于1733年。登顶钟楼，耳听钟声回荡，

▲红场上巡逻的警察

◀红场上的大钟

莫斯科风情尽入眼帘，感受着历史与今朝的“交会”，顿生感慨。

除却深厚的历史底蕴，莫斯科绿树成荫，有“森林国都”之称，河流蜿蜒，青山叠嶂。春秋两季，莫斯科人喜欢外出踏青烧烤，郊外的别墅此时派上了用场。夜晚，一家人载歌载舞，分享甘洌的伏特加酒、硬质的黑面包、独特的红糖茶饮。如果主人为你准备了面包加盐，那你就是尊贵的客人。冬日银装下的莫斯科让人不禁想到俄罗斯民族的坚忍，仿若回到了《战争与和平》那个奢华与混乱的年代。

莫斯科人有着与生俱来的浪漫与文学气质。家庭即使经济拮据，也会有丰富的藏书和艺术挂件。莫斯科街头行色匆匆的男女永远衣着干净规整，不带一丝褶皱和凌乱。如若夜晚有演出要看，必定身着优雅的晚礼服登场，高贵迷人。

莫斯科值得深深体味，每一次的停驻都有不同的华彩，对中国人而言，还有些许的熟悉感。这座独特的城市个性鲜明，依旧燃烧着强国的梦想和激情。白鸽飞过红场，白桦林里飘扬着俄罗斯民乐。当我们吟唱着《莫斯科郊外的晚上》，浓郁的俄罗斯风情洋溢在空中，不禁想到，先辈在有些忧郁的苏联歌曲中走上战场，消逝了青春。

▲在土道上行走的红衣僧人

Tibet

世间安得双全法，不负如来不负卿——《不负如来不负卿》

西藏

爱一个人可以爱多久？等一个人，又可以等多久？艾晴等了他37年，鸠摩罗什等了她47年，但蔓蔓青萝照冰雪，他与她却注定了难以相守。

相见不如不见，却又为什么要见？

或许，唯有带着一丝对爱情的追忆，满心繁杂地踏上向西的列车，邂逅西藏，邂逅她与他相知、相遇、相恋、相离的地方，我们才会懂得，《不负如来不负卿》的凄美与无奈吧？

旅行时，我们常常会去追问人生的意义。

人生到底是什么？生活最终将把我们带往何处？这站在生活边缘的追问常常在独自旅行的夜晚朝我们袭来。一个人的旅途总会有着太多的禅意与了悟，或许在你遇见西藏的那一刻，生活的真相便会了然于心。生活，本就是一场充满未知和诱惑的旅行。

行走在这漫漫长路上，你无法因为美景如画而驻足流连，也不会因为一时的恶劣天气而停止不前。所有走过的路，无论是好是坏，最终都成为身后的风景，不知要回头多少次，才能看清自己错过了什么，得到了什么；不知要回头多少次，才能平静地看待这一切，才能感恩命运所给予我们的一切。

不知为何，西藏就是有着这样的魔力，尘世在心中呼啸，扬起漫天尘埃，蒙住了你的双眼，而西藏却有这种宁静的力量，让你扪心自问，而后对命运的暗示心领神会。

西藏，在世人眼中充满神秘的高原之地，无论是苍山碧海，还是神秘的宗教文化，都在广袤的中华大地上占有不可替代的位置。西藏位于中国西南边陲，有着深厚而浓郁的历史文化底蕴和独特的人文景观，是中国西南的一颗璀璨明珠。

在国内外的许多游人心目中，西藏是任何其他旅游目的地都无可替代的，布达拉宫、大昭寺、八廓街、珠穆朗玛峰、纳木错湖、墨脱、神山、圣湖……所有的一切，都像是佛祖脚下的步步莲花，引领着人们跟随神的脚步，慢慢走向这个神秘的世界。

拉萨是个让人一见钟情的城市。它是西藏的首府，也是集西藏大美于一身的“西南明珠”。拉萨位于西藏自治区中部，坐落在雅鲁藏布江支流拉萨河中游的河谷平原，它是世界上海拔最高的城市之一，由于这里的高海拔和稀薄的云层，拉萨终年接受着阳光的洗礼，被称为“日光城”。

爱上拉萨的理由有几百几千个，它是个令全世界的行者为之如痴如醉的神秘高原城市，是每个来到西藏的旅人的起点或者终点，甚至，有的人来到拉萨便再也不愿意离开。这些人被虔诚教徒所震撼，被金碧辉煌的布达拉宫和精致优雅的大昭寺所打动，被五彩经幡和鲜艳的唐卡所吸引，被蓝天、雪山、青稞酒所迷醉，于是许许多多这样漂泊的灵魂选择了将自己的余生留在这个能与雪山和神明为伴的城市，他们成为酒吧的驻唱歌手、咖啡馆的老板娘、青年旅社的义工、希望小学里的老师、草原里的牧民……

拉萨分为古城和新城。新城有相对集中的旅游配套设施，初到拉萨的游客可以选择住在新城，这里有丰富的小吃店、特色景点和青年旅社，游玩起来相对节省体力。然而在传统的拉萨人眼中，真正的拉萨是以大昭寺为中心，围绕着大昭寺的转经路——八廓街，再远一些是依山而建的布达拉宫。如果没有看过斜阳中的大昭寺，没有见到日暮时分站在布达拉宫金顶上吹奏乐器的喇嘛，没有在八廓学的酒馆里望着雪山，喝着青稞酒发呆，那么就不算真正到过西藏。

与拉萨的热闹和成熟不同，坐落在西藏东部的林芝是一片海拔只有3100米的花海。林芝由于尚未被过度开发，如今还保留着丰富的垂直气候带植被特征。由上到下，随着海拔的变化，我们能在林芝看到高寒地带生长的雪莲、温带生长的桃花、亚热带盛产的香蕉和棕榈树。林芝丰富的植物和动物资源造就了这里精彩绝伦的林海风光。这种丰富的自然资源带来的热闹感觉与在西藏的其他旅游区感受到的喧嚣是完全不同的。

林芝让人震撼的是它虽然人迹罕至，却让踏进这片土地的人能轻易地感受到蓬勃的、扑面而来的生命力。林芝的巴松错，是藏族群众眼中的圣湖，他们会千里迢迢来此许愿。巴松错的形状如同镶嵌在高山峡谷中的一轮新月。这里的湖水圣洁而纯净，如同一面雪亮的镜子，将壮美的雪山、灵动的白鹤倒映其中，鱼儿穿梭在湖底的石峰之间，看似触手可及，实则深不见底。雪山并列于湖中，与湖泊周围烂漫的山花相映成趣，一点也不输于日本的“倒悬富士山”。

▲布达拉宫伫立于玛布日山山顶，是世界上海拔最高的宫堡建筑群，已被列入世界文化遗产名录。

墨脱仿佛是隐匿在群山之中的莲花。墨脱位于喜马拉雅山南部，处在雅鲁藏布江下游，是个名副其实的人间仙

境。没有人类的打扰，三千多种罕见的植物和几千种高山野生动物在这里创造了它们的王国。这里也有着少数的原住民，真的无法想象，这些生活在云端的人们是否真的能感受到神明的存在。

每当雨后初晴，云开雾散，便能看到雪山与河流之间不经意形成的墨脱小镇。几道彩虹晶莹剔透，闪着摄人心魄的光辉，横亘在郁郁葱葱的丛林之上、悠远宁静的峡谷之中，那样的美实在令人窒息。

西藏便是这样的存在，它美得那么天真无邪，美得那么震撼人心。你不能错过的还有很多很多，别忘了漫山遍野的野桃花会燃烧整个雅鲁藏布江大峡谷；别忘了晶莹剔透的纳木错会让你掉下眼泪；别忘了神圣的喜马拉雅山会在云端让你屏息凝神……

这样的西藏美得让人甚至有些失落，因为你永远也不知道，自己还会遇到什么，又会错过什么，一如我们漫漫的人生之旅。

▲藏羚羊主要生活在中国青藏高原，是国家一级保护动物。它们通常在海拔3000～5000米的高原中，最近几年因为过度捕杀而数量骤减。可可西里是藏羚羊分布较广的地区之一。

Kekexili

磕长头的人手和脸是脏的，心是干净的——《可可西里》

可可西里

初识可可西里，是因为一部同名电影。很简单，也很真实。一张偷猎的大网，网住了残酷的现实，也网住了凝厚的信仰。

苍凉古朴的天葬，挂角峰峦的藏羚羊，一望无垠的荒芜台地，为生命而执着的日泰队长和尕玉……所有的所有，皆震人心魄。

这就是可可西里，最真实亦最唯美的可可西里！

纵使满面风沙，一身苍凉，一颗心却永远都澄净若琉璃。

在藏地，藏民们喜欢给女孩子起名叫“达瓦”，就是月亮的意思。藏民们崇拜月亮，因为藏地的月光是纯净的，透着至真至善的情感。可可西里就是一位叫达瓦的少女，她纯真、神秘，又透着隐约的冷漠。

这里是世间最宁静的土地，远离城市的喧嚣，没有世俗的侵扰。这里广阔的草原和巍峨的雪山，甚至从来没有留下人类的足迹。

猎猎长风奔跑在可可西里广袤的土地上，走过草原，跨过河流，拂过草甸下藏羚羊柔软的绒毛，拭去格桑花的露水，亲吻一座座雪山冷酷的面孔。长风呼啸而过，哼着隐约的调子，像是远方的藏民跳起的锅庄。

当火车的汽笛响彻可可西里广袤空旷的土地，不知藏羚羊——这些高原的精灵是否会想念那些有力的大手和质朴的脸庞。

有这么一群卫士，他们守护着高原的精灵藏羚羊，他们用脚步丈量可可西里的长度，他们用躯体震慑盗猎者指向藏羚羊的长枪。他们的故事，是一首写满眼泪和希望的诗歌，在高原的上空一次次盘旋，一次次激荡。那些沾满鲜血的土地，会得到卫士们灵魂的庇佑，在来年的春天，一定会开出大片大片更美更娇艳的格桑花……

每每提及可可西里，总会涌动一种源自灵魂的敬畏，敬畏自然，敬畏生命。这片土地寄托着人类最纯净的灵魂，数以万计的人仰望可可西里，魂牵梦系可可西里，因为这里承载着大自然最原始的面孔，珍藏着人类最纯真的本性。可可西里，一直在安静地守望人类犹如雪山一样质朴的灵魂。

▲青藏铁路从玉珠峰下穿过

▲可可西里国家级自然保护区

Chapter 4

人人都有一个武侠梦

Eji'na

人若无名，便可专心练剑——《英雄》

额济纳

每一部风靡一时的电影，都能捧红一个地方，被《英雄》带入人们眼帘的那个地方，是额济纳。

漫漫黄沙间剑与刀的碰撞；灿灿胡杨林，情与情的交击；湛湛居延海，琴声与驼铃的应和；光影疏斜间，漫卷如雨话苍凉。

什么是英雄呢？

飞雪无情残剑殇，如月无名话长空，咫尺天涯水一方，甘愿为社稷黎民放弃仇恨的残剑与无名，都是吧，即便他们皆负了红颜。

天青色的烟雨是叹息，额济纳的英雄应不远，10月仲秋，胡杨染金的日子，邂逅西北边陲，走进额济纳，或许，落叶翩翩时仍有红颜，水声潺潺处依然缠绵，一片苍黄里还能击剑长歌，共饮江湖客。

之所以对位于内蒙古自治区最西端的额济纳旗如此神往，不仅因为它是闻名遐迩的汉代居延、灿烂辉煌的西夏黑水城，也不仅因为它与举世瞩目的万里长城西起点嘉峪关、酒泉卫星发射基地交相辉映，与它结下不解之缘的原因，是它的大漠、驼铃、夕阳和胡杨林。

▲身着民族服饰的姑娘

10月初到额济纳，首先扑进眼里的是奢侈得无以复加的金黄色，那震撼的、任你再挑剔也无法言喻的胡杨的颜色。这颜色剔透、绚丽，让所有生动的语言在它面前均显得苍白无力。

湛蓝的天空下，一座座沙丘绵延起伏、错落有致地排列着，点缀其间的胡杨树，在秋风中散漫着晶莹透亮的金光。远远望去，高大的胡杨林，如一条金色的长城，屹立在沙漠面前，阻挡着流沙的侵袭。

走近最大的胡杨树，就会发现人类的想象力是那样的有限。这棵胡杨树主干虽然只有6米高，但树冠竟有200平方

灿烂耀日的胡杨林

米之广，用遮天蔽日来形容，似乎都有点言不及实。它美艳的树冠造型举世无双，让人惊艳，只有身临其境才能真切地体验到。

在额济纳，胡杨树随处可见，既可以看到活的胡杨，也可以看到整片死去的胡杨。死去的胡杨均在怪树林。走进怪树林就如走进了一个一片狼藉的古战场。那些怪树有的直刺蓝天，有的弯曲盘旋，还有的已轰然倒下，但其裸露的枯根都在空中扭曲着。怪树林千姿百态，雄浑悲壮，棵棵怪树如无声地呐喊，在一瞬间，给你的视觉以强烈的冲击，并如电波一样直入心灵，让人久久难以平静。不论何人走进怪树林，相信走出时，都能深深体会到环境保护的意义。

走出怪树林，大漠边上挂于西天的是将落的夕阳。偌大的夕阳宁静、高远，让人在不经意间体会到了“大漠孤烟直，长河落日圆”的悠然意境。

度假便利贴

地理位置：内蒙古自治区西北部。

最佳旅游时间：10月初是观赏胡杨的最佳时间。

必吃美食：❶ 阿拉善烤全羊：经过18道工序最后烤出的羊皮酥脆，羊肉鲜嫩，佐以葱段、酱等，更浓更香，别有风味！

❷ 蒙古蒸饺：其馅全部为碎肉，绝不掺菜，蒸熟后饺子皮“Q弹”，有嚼劲儿。

Dali

乞食妙香国，魂断清碧溪——《天龙八部》

大理

苍山的雪，潋滟了琅嬛玉洞的繁星；洱海的风，吹落了无量山巅的月明；曾经以为，所有的深情，不过是南苑的碧血丹青，蓦然回首，才知道，凌波踏玉的温润才是深情。

每一个江湖都有属于自己的传说，每一对恋人都有属于自己的海誓山盟。萧峰向往的只有与阿朱牧歌田原、放马山巅的恬淡；童姥渴望的不过无崖子晨曦月下温柔的眼眸；虚竹纠结于梦姑的情深一往；段誉憧憬的不外是与“神仙妹妹”相守白头……

《天龙八部》多少事，情仇恩怨笑谈中。萧峰的侠义悲壮固然令人神伤，段誉的执着深情却更令人感怀。岁月如歌，江湖不在，即便心有千千结，却也无法在现实中邂逅梦里的英雄，于是，充满了天龙情结的大理也便成了你我情之所钟之地。

◀崇圣寺三塔

崇圣寺三塔西对苍山应乐峰，东对洱海。三座塔鼎足而立，千寻塔居中，两小塔南北拱卫。

▲ **大理城门**

古老的大理总能吸引四方的游客驻足。

▲ **崇圣寺**

崇圣寺依山傍水，峰峦叠翠，环境清幽，真可谓灵鹫胜地、妙香佛都。

▲ **洱海小普陀**

清晨小普陀雾气袅袅，宛如月宫。

洱海是画中才有的高原湖泊，倘若要为它寻一个合适的词语来描摹一番的话，只有“明媚”二字；然而如此二字又如何能道尽这里的风景独好？

高原的太阳赋予这片水域以无限光感，在碧蓝的一片沧浪之上，水拍云崖暖，而风势却凛冽生寒。颠扑的水浪在视界里渐行渐远渐无穷，最终，在尽头飘着一线白云的地方接入高天，颜色却是水天一色的蓝，蓝得发亮，亮得能让人看见希望和未来事物的影子。

作为城池的大理，又称“叶榆”，或者“紫城”。尽管居于边关，但它并不是一个乏历史可陈的城市。这座“一水绕苍山，苍山抱古城”的城池，从779年南诏王异牟寻迁都羊苴咩城，已有1200年的建造历史。现有的大理古城遗迹是由明洪武年间在旧有的羊苴咩城址上拓展而来，在光绪年间又经过重新修葺。城门以西、北、东、南的顺序分别叫作苍山、三塔、洱海和双鹤，前三者的意义似乎很明确，叫作苍山的门面朝苍山，叫三塔的门对崇圣寺三塔，叫洱海的门则坐拥洱海，而双鹤取何意解？有一个不得不说的故事。

洱海在它刚刚形成的时候，整个大理还是一片茂密的丛林，这片丛林的后面有什么样的土地，当时的人们一无所知。一天，人们跟随着一双往来于西洱河边上的白鹤来到了这片开阔平坦的沃土，于是便在这里安顿下来，建立自己的城池。所以，大理还有一个名字叫作

“鹤拓”。而南门正是用来纪念那双神明一般的鸟儿，也是为了明确一下这座城从无到有的历史。

大理人对花的热爱到了偏执的地步。“家家流水户户养花”“三家一眼井，一户几盆花”，如此的居家习惯，又焉不得“香风满道，芳气袭人”？在大理人的院墙下，种着血红的宝珠山茶和朴素繁茂的杜鹃，每每开花时节，花枝满院又岂能为一墙所牢笼？于是便一齐探出头来，将一条街巷连缀成花道，绚烂得让人无暇关注其中的一朵，只觉满目异彩，似乎连空中都飘浮着花团锦簇的一片。农历二月朝花节，是大理最美的季节，这时，整个大理便像是被放置在花篮里面。

在大理，遨游苍山洱海间吃茶看花，你来不来呢？

▲ **大理洱海**

在风平浪静的日子里泛舟洱海，那干净透明的海面宛如碧澄澄的蓝天，宁静而悠远，有着“船在碧波漂，人在画中游”的诗画般的意境。

▲俯瞰古建筑群，目之所及，皆是深沉的青瓦。

Lijiang

只有权力和钢刀才能保护木府——《木府风云》

丽江

木府一场风云，搅动了丽江千年的古韵幽深；土司家族的兴衰荣辱、情仇爱恨，见证的亦是古城不变的风雨与苍茫。

大爱、包容、深情、智慧的阿勒邱，心中自有一番天空海阔的罗氏宁，刚愎鲁莽、性情激烈的木隆，文弱儒雅、执着坚守的木青，为爱轻生却又良善多才的木增……《木府风云》是一部爱情史诗，也是一曲民族清歌，爱也好，恨也罢，在民族大义面前，终究都被淡忘。当一切繁华过眼，物是人非转了青苔，便也只有那充满了纳西风情的辉煌木府还在以万卷书香欸乃着丽江的雍容。

丽江古城。木房子，石板路，蜡染布，红灯笼，玄米茶，流浪猫，阳台上盛开的兰花，南来北往的流浪者……整座城市如同一幅白描画，一笔一画地刻画出一座城能给予人最大的幸福和满足。来到丽江，内心那些模糊的、未知的憧憬仿佛都变得清晰而触手可及。

清晨，很早就会有阳光斜射进房间里，温暖而柔和，红色的呢制窗帘将整个房间染成了醉人的酒红色，在这样柔软惬意的阳光里醒来，整个世界都变得更美好了。发呆，在这个忙碌的年头成了最奢侈的事情。如果来到丽江不妨做个奢侈而慷慨的人吧，离开手机和网络，翻开一本书，在晒得到阳光的露台上舒服地消磨一个上午。流浪猫在楼下悠悠地闲逛，天边的玉龙雪山在云中时隐时现，折射出五彩的光，石桥下的流水干枯了又上涨，三角梅与兰花在窗棂上泛出幽幽的香。城市的生活，让我们离自己太远，离爱情太远。但这一刻，在丽江，生活与生存不再对立，生命变得很轻很轻，不再让人喘不过气。

丽江古城长年雄踞在热门旅游地排行榜首位，已经不是一天两天了。也正因为如此，人们说丽江已经变得俗气而商业。可是真正来到丽江，你会发现那案头的古书、睽违已久的棋局、不经意响起的丝弦、幽香阵阵的普洱、花间疏影里的鸟鸣、曲径通幽的院落、陌生人友善的微笑……在此平静的内心和简单的生活需要了悟，而丽江或许就是通往了悟的门，纵使流云拂过，青天仍然辽远。

丽江古城分为大研古镇、束河古镇和白沙古镇。大研古镇海拔2400米，玉河水系从镇中穿流而过。古城内道路错综复杂，即使有地图也很容易迷失在这个绚烂而狭窄的小世界里。四方街是古城的中心广场，一路从四方街走到文昌宫，景色叫人目不暇接。在古朴而精致的古城中，木质结构的建筑随处可见，“木府”是其中最著名的。木府是丽江曾经的世袭土司木

▲丽江街头的各种特色小店

氏的府邸，木府楹联上写着“天雨流芳”，由纳西语音译而来，意思是“读书去”。这解释令人有些意外，不过回头想想，这玲珑古城不正是灵心慧性的产物吗！木府之内有精致的石牌坊和土司们的议政殿、议事厅、宴乐楼和凝结了纳西文化精髓的万卷楼。看着如今千娇百媚的丽江，很难想象它当年一本正经的样子。

在古城里，无论是街道、广场、牌坊、桥梁、流水、庭院、匾额、楹联、碑刻……无不渗透着神秘的纳西情趣和多元的文化内涵。古城中的酒吧更是集中体现了这一点。沿着小城的流水逆流而上，别具风情的小酒馆家家相连。小河边，即兴的爵士乐在清风中、柳荫下缓缓流淌。每间酒吧都形态各异，有的古朴而厚重，有的前卫而张扬，有的充满异国情调，有的饱含东方神韵。流连于酒桌间，穿行在小巷里，

▶鳞次栉比的瓦顶屋舍

将所有的烦恼抛诸脑后，只为更平和的内心。

在距丽江市8千米处，有一个著名的高原湖泊——拉市海。拉市海是丽江最大的湖泊，每年人们随着迁徙的候鸟一起在拉市海举办盛大的庆典。游览拉市海最好的方法是泛舟和骑马。在水面上，摇一叶小舟，与天光云影一同徘徊。上岸后，骑着骏马漫步在草甸上，漫游于湖边，寻找隐匿山间的拉市海的源头。无论是在水中还是在岸边，都能清楚地看到湖底长满了水草，有些水草还盛开着朵朵白花，这神奇的生物令人惊叹。白色的花朵在水中安静地绽放，随着水波摇曳生姿，鱼儿穿梭其间，让拉市海看起来就像一块琥珀，将灵动的生命永远地凝结其中。湖面上还有野鸭悠闲地划水，在远处雪峰的映衬下显得格外灵动。几千年前，茶马古道上的商人就是这样骑着马走过拉市海，翻越过一座座山峰的。

有的城市，只需要看一眼，便能读懂它的千娇百媚与沧海桑田，丽江便是这样的城市。流动的琴声，古朴的老宅子，袅袅余香的清茶，无处不在的雪山，时隐时现的雨，被落日染黄的云霞，都在浅吟低唱着这座城市的怒放与归隐。

顾城说：“百花深处好，世人皆不晓……此处胜桃源，只是人将老。”只要你的心中还燃烧着对于生命的热爱，无论何时来到丽江，都是对的时间。

▲ 客栈门口悬挂的红灯笼

▲ 四方街客栈

Mount Emei

一见杨过误终身——《神雕侠侣》

峨眉山

16岁那年，烟花烂漫了夜空，她爱上了他，但他却不爱她；情花绝烈，绿萼深情，绕指的温情终究还是抵不过活死人墓的冰冷；他等了他的“姑姑”16年，终于等来了团圆；她也等了她的“过哥哥”16年，等来的却不过是一语再见。

蝴蝶翩跹破碎了幻梦，峨眉山月就此洒落了相思的笛。

《神雕侠侣》多少事，杨过与小龙女的不弃不离纵然令人向往，郭襄的无怨无悔却最易惹人断肠。

多少相爱无果，多少迷离错过，相爱不是错，错的不过是命运。

错误的时间遇到了对的人，对的时间遇到了错误的人，无论纠葛几多，最后也不过清冷落幕。

只不过，她的清冷却仍唯美得令人目眩神迷，一如那秀绝天下的峨眉。

▲金顶铜殿与十方普贤金像

青山若黛，秀水如眉，这往往是峨眉山给人的第一印象。得名峨眉，或许是因为它嶙峋的山峰酷似人眉，或许是“水是眼波横，山是眉峰聚”的悠悠韵致，让你不管是在山间行走，还是在寺院听禅，总能感受到那一丝丝的妩媚。

来峨眉的人，多少是因为对心底的那份虔诚。报国寺就坐落在峨眉山麓光明山下，担当着峨眉山进山门户的重任。每当清晨，报国寺中的钟声便会伴着晨曦响起，这沉闷的声音穿过清幽的空谷，点破了这幅丹青的宁静，召唤着新一天的到来。熙熙攘攘的人群从四面八方纷至沓来，转眼便隐匿在这峨眉群山之中。

▲峨眉山金顶云海雪景

金顶是峨眉山景点最集中的地方，为峨眉精华所在。峨眉金顶与峨眉顶峰的万佛顶相邻，海拔3079米，这里山高云低，景色壮丽，游客可在陡峭的舍身崖边欣赏日出、云海、佛光。

峨眉山峰包括大峨眉、二峨眉、三峨眉、四峨眉。大峨眉海拔逾3000米，因此，这里的云看起来低低的，在山间流动，形成了独一无二的云海。每当晴空万里时，云雾便从千山万壑中轻轻升起，顷刻间，苍茫的云海便如同一片巨大而洁白的绒毯，铺在峨眉的每个角落，温柔而厚润。远方吹来的风使云的海洋翻涌起来，而在这其中的山峰，便犹如一座座小岛。

峨眉金顶的佛光，可谓一绝。站在峨眉山的最高峰——金顶之上，看着早晨灿烂的阳光从东方慢慢升起，绚烂的朝阳照在云朵上，映出一片片神奇的色彩。此时，你慢慢转身，会惊奇地发现，在前方氤氲的云雾之中，出现了一个巨大的光圈，红色在外，紫色在内，中心部分像是一面发亮的镜子一般，而在这其中竟是你的身影。传说，此时无论有多少人，人们所看见的始终只有自己的身影，而且人随景移，绝不分离。

▲峨眉山上伏虎寺内的华严宝塔

华严塔通高6米，分为17层，在塔身上还有一个佛龛供奉佛像，在塔身上有小佛4700尊，以及《华严经》全文。

金顶十方普贤金像和
白象驮如意

然而，峨眉山这种景色并不是日日常见的，一年中出现佛光的日子最多只有80天，可谓可遇不可求。即使没有缘分，看不到金顶的佛光，站在山顶上极目远眺，胸襟也会随之开阔。若是晴天，则可仰望悠悠蓝天，俯视皑皑白云。

置身峨眉，心中浮想着无数有关峨眉的传说，时时刻刻感受着山顶的佛光，心仿佛也随之安静了下来。

▲ 月沼

月沼，又称月塘。寓“花开则落，月圆则亏”之意，将月沼掘成半月形，追求的是一种“花未开、月未圆”的意境。

嘿兄弟，好久不见，你在哪里——《武林外传》

宏村

细雨湿衣看不见，闲花落地听无声，南湖的画桥永远都印着秋月，月沼的荷叶总是摇曳着宏村的妖娆。秀里的风华中似乎还没有同福客栈的佟湘玉，村口的银杏树下便荫蔽了专注打杂二百年的郭女侠。宏村，从来都是一首江湖诗、侠义歌，扩而成太乙，蔓而聚武林。

《武林外传》其实是一部很老的电视剧了，在我们的记忆里，童年或许已斑斓，但被白展堂唤醒的武侠梦却从不曾褪色。大咧咧的郭芙蓉，妖娆的佟湘玉，傻乎乎的李大嘴，苦哈哈的吕秀才，呆萌的莫小贝，糊涂的刑捕快，嬉笑怒骂间，虽不见刀光剑影、豪情万丈，却也别有几分温馨与巧致。

由是，在杏花烂漫、细雨蒙蒙的日子，一群又一群“武林发烧友”蜂拥而至宏村，便也成了题中之义。

安徽自古人杰地灵，徽娘的风情婉约与蕙质兰心更是为人称道。而其黟县，曾被诗人李白称为“小桃源”，因为其远离世外，异常清幽明静。也正是在这里，有着一处中国典型的乡村民居——宏村。

宏村背依黄山余脉羊栈岭、雷岗山，地势较高，常年云蒸霞蔚，时而如泼墨重彩，时而若淡抹写意，恰似山水长卷，融自然景观和人文景观为一体，被誉为“中国画里的乡村”。

宏村是徽州望族汪氏聚族而居之地。12世纪初汪氏先祖避难南迁，至风景秀美的雷岗山下，定居了下来，定村名为“弘村”，取“扩大而成太乙之象”，即“宏广发达”之意。乾隆年间改为今名“宏村”。

高处俯瞰，宏村就似一头卧牛处于青山环绕、稻田连绵的山冈之中。而在这九曲十八弯的村落里，现在有明清古建筑137幢，除了非常著名的有四百多年历史的水利工程设施月沼、南湖等外，村里的“承志堂”是皖南古民居中一出精致的“折子戏”。

远远望去，村落里高大的马头墙耸立，其中的斑驳陆离，将历史的痕迹悉数展现。而青瓦白墙映照在一弯盈盈而过的水中的景象，让人更加沉迷进那幅生动朴素的中国山水画中。当你顺着青石铺就的小径，从大大小小独门独户的人家门口经过，看着宗族祠堂、书院、牌坊、院落，天井、花园、房梁、屏风、家具，用砖、木、石雕刻的各种图案，人恍惚生于明清，自身都是深闺高楼中低头垂目的女子……

最著名的，是承志堂中的徽派木雕。这里讲究的是对景，即无论身处什么位置，都有景可看。比如在前厅横梁上的“宴官图”，斗拱上的“三国演义”，甚至边门上的“商”字的图案，都雕刻得精巧细致、纤毫毕现。而其中贯穿的人物形象更是千姿百态，令人赞叹不已。

就这样，背靠青山绿水的宏村，显得那般迷蒙而幽远，仿佛你一次次地走近，就会一次一次更深更深地被它碰出那擦动心灵的火花……

度假便利贴

地理位置：安徽省黄山市。

最佳旅游时间：冬无严寒，夏无酷暑，四季皆美景如画。

必吃美食：❶ 臭鳜鱼：鳜鱼闻起来臭，吃起来香。此菜香鲜透骨，鱼肉酥烂，醇厚入味，是徽式风味名菜的代表菜品。

❷ 宏村毛豆腐：精选色清如雪、刀切似玉的上乘豆腐，经发酵后或红烧，或油炸，或火焙，或清蒸而成。

Chapter 5

仁者乐山，智者爱水

New Zealand

一场精彩刺激的冒险之旅——《指环王》

新西兰

致我们终将逝去的青春，流岚之间，《指环王》始终都是经典，“朝圣者”纷繁。

曾经，恢宏壮阔的“中土”迷离了心灵，夏尔森林中的霍比特人重现了彩色，佩兰诺平原的一场大战惊艳了世界，唯美的伊森加德花园黯淡了月光，至尊魔戒的拥有者佛罗多、“神行客”阿拉贡、“杖之精灵”甘道夫更是无数小伙伴“羡慕嫉妒恨”的对象。

但其实，何须嫉妒呢，魔幻本就无须仰望，我们早就有了自己的梦想乡。

玛塔玛塔蓊郁的原始森林中，彩色的小屋鳞次栉比；维多利亚山上，“黑骑士”的蹄声久久回荡；尼尔森湖区，连绵的山峦交织着彩色的梦幻……现实中的“中土”，绝美的新西兰，果真一直都在我们身旁。

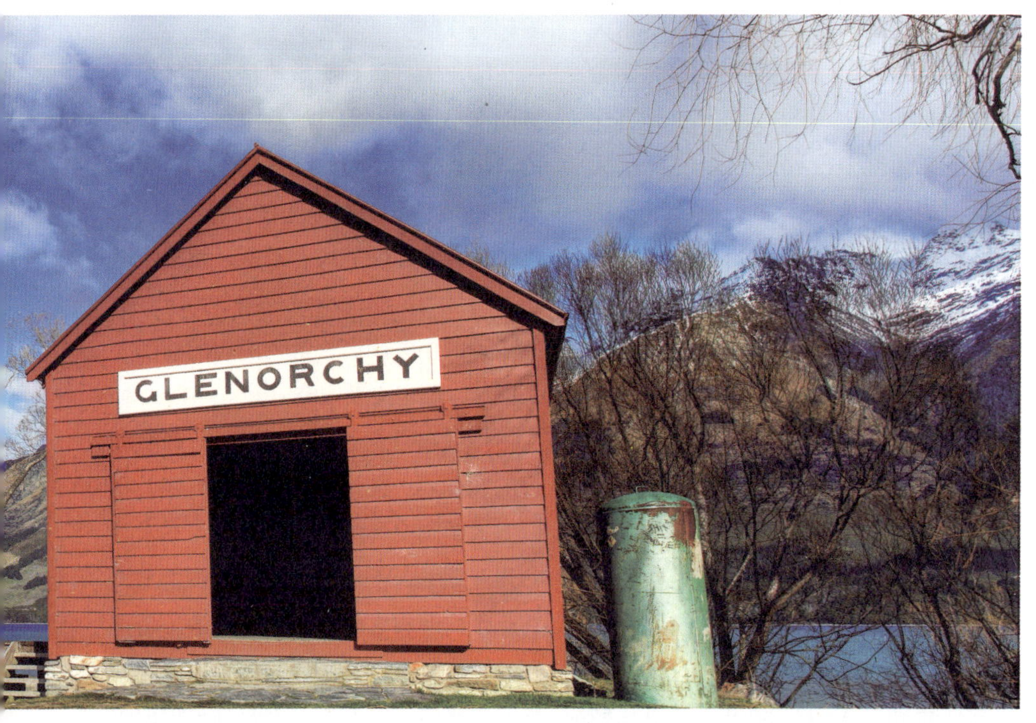

▲ 新西兰瓦卡蒂普湖畔的小屋

无论是一朵绚烂盛放的野花，还是一株安静成长的小草，只要生长在这片土地上，它都会成为旅人眼中最为娇艳的风景，它们时刻为小镇的美而竭尽全力，甚至倾其一生。如果你从未迈出脚步，那么请把这里作为旅程的终点站，因为，与皇后镇相比，任何华丽的辞藻都会瞬间显得黯然失色。

皇后镇的名字来自维多利亚女王，它在新西兰的瓦卡蒂普湖北岸，被南阿尔卑斯山脉亲切地环绕。无论是春天的碧波微荡还是夏天的蓝天艳阳，无论是秋天的缤纷多彩还是冬天的白雪皑皑，这里，永远美丽得像一处梦中风景。壮丽的山脉上覆盖着白雪，从皇后镇到山顶，整个途中景致都浪漫得让人心碎。

这个风景秀丽的小山镇，虽然只有不到一万的常住人口，却每年平均接待一百五十多万的游客。人们热爱这个隐藏在山谷中的仙境，每每踏上这片土地，总会流连忘返。

在皇后镇，最热闹的便是莫尔大道。街道由湖岸一路延伸至山区，两旁林立各式商店与餐厅，人们优哉地在这里闲逛，为整个行程预热。与莫尔大道类似的还有坎普街和利斯街。黄昏时分，晚霞将小镇周围的山峰染成金黄，暮色四合沿着瓦卡蒂普湖闲散地散着步，或者停下来，在旁边充满浪漫气息的咖啡馆喝上一杯热拿铁，心情会不由自主地随着轻轻流淌的音乐翩翩起舞。

在皇后镇市区一路行走，满眼是高耸参天的白杨树。这里充满了异国情调，尤其街道上的人，似乎永远是活力充沛、整装待发的样子。的确，了解户外运动的人似乎都很清楚皇后镇是户外运动的起源地之一。而他们的目的也异常明确，那便是——向勇敢发起挑战！

印象中，鱼和熊掌总是不可兼得，然而在皇后镇，拥有浪漫温馨视觉享受的同时也有着惊险的感官刺激。若想了解在皇后镇正流行些什么活动的话，到修沙特佛街便能拨开云雾。整条街道上，随处可见激流泛舟、高空弹跳、滑雪活动的相关商店，各个商店门前都人头攒动，顾客往来如梭。

皇后镇是世界极限运动——商业蹦极的发祥地。在这里，有不同高度、不同方式的高空弹跳供人们选择。35米、72米还是105米？在嶙峋的怪石之上，在幽幽的河谷之间，来吧，看谁才是真正的英雄！跃下的刹那，重力加速度为感官带来的巨大冲击，绝对会牢牢地印在你的脑海里。如果选择夜间弹跳更是不得了，纵身一跃，投入黑漆峡谷的怀

▲新西兰皇后镇惊险与宁静并存。

抱，加倍的刺激绝对会令你终生难忘。

除了蹦极，皇后镇里最热门的活动还有激流泛舟。在湍急的河川中驾着小舟顺水势冲下，沿途饱览难得一见的原始丛林，在湍流的转弯处溅起一身冰凉的水珠，好像在大自然的脉搏上起舞，惊险而刺激。

真的勇士，除了蹦极和激流泛舟，一定要尝试的还有喷射快艇。新西兰的喷射快艇举世闻名，而皇后镇更是将这个活动项目发挥到了极致。乘上快艇，将身体与快艇融为一体，在空气的激流中急速穿梭于陡峭的高山与嶙峋的峡谷，这种惊心动魄的感觉，想不惊出一身冷汗都难。喷射快艇在皇后镇已经有超过20年的历史，对于户外运动的爱好者来说，这种驾驭风向的超速快感着实让人体验到冒险的趣味。

雪上摩托车、热气球、滑雪、登山……这便是皇后镇的另一张面孔，一如女王般坚毅且勇敢。

皇后镇最初闻名于世是因为黄金。相传在1862年，有两个剪羊毛的人在沙特瓦河边掘到金子，一夜暴富。之后，就此在皇后镇掀起淘金热。

箭镇，与皇后镇比邻的一个镇子，因为留有中国人在新西兰淘金的遗迹——中国村，也成了中国游客来这里观光的必行之处。

箭镇隐藏在山坳的密林中，人迹罕至，幽静至极。在箭河的岸边可以看到几间破败的小木屋，有围栏围着，与不远处的豪华别墅对比，反差异常强烈。

▲ 皇后镇安静的宅第和花园

华人刚来新西兰淘金时就住在这里——破烂的木屋与十几平方米的砖房，他们从不参加其他淘金者酗酒、赌博、嫖娼等活动，只想把挣下的血汗钱带回国，时刻准备着“衣锦还乡、光宗耀祖”，然而这样的想法却被当地的统治者视为异类，遭到各种欺凌与迫害。新西兰华人社团因为此事与当地政府进行了长期的斗争与交涉，终于在21世纪初，时任总理的克拉克就历史上的歧视行为向华人致歉。从此以后，这里成为著名的遗址景点，供人们参观纪念的同时，更诉说着一段洗雪屈辱的爱国史。

皇后镇就是这样的一个地方，如果你以为美貌是它的全部姿态，那就错了。这只是一个开始，随着对皇后镇的逐渐了解和感知，你会发现，除了群山的环绕、天空的湛蓝以及那些清新得不大真实的空气，每一次深入，都会有一个更为绝妙的去处在等待着被你发掘。

Rocky Mountains

穿越蛮荒之地的复仇计划——《荒野猎人》

落基山脉

不知道从什么时候起，《荒野猎人》便成了落基山脉的代言。休·格拉斯眸中熊熊的复仇烈焰缭乱了整个加拿大的雪雨冰天。

一步步丈量了野性蛮荒的猎人也用暴风雪中的踽踽诉说了何为男人的脊梁，杀子之仇不共戴天，科罗拉多最明媚的阳光也无法温暖他的脸庞。但，当一抹抹唯有在上帝眸中才能见证的冰蓝绽放于群山之巅，当峭壁上的山毛榉用冰川绚烂了火地之岛，当斯阔米什赤红的朝霞烂漫了远天，当卡尔加里的四季在一日之间变幻，当露易丝湖的澄净倒映了班夫的蔚蓝，他的唇边，仍会有一丝微笑闪现。

浅浅的笑，未达眼底，但已是一颗沧桑冰凝的心对造化奇秀、对落基荣光、对山峦冰雪、对前路与人生的荒野最美的赞叹。

▼落基山脉露易丝湖和维多利亚冰川

▲ 地处落基山脉的班夫国家公园

作为北美洲最著名的旅游胜地，落基山脉不仅有雪山冰川，更有奇美风光。

纵贯北美洲的落基山脉，是由很多小山脉组成的，北美洲将其称为“脊梁”。在落基山脉，有很多美丽的国家公园，班夫、贾斯伯、约霍和库特内等国家公园被联合国教科文组织评为世界遗产。在世界范围内，要想寻找到一座可以与落基山脉相媲美的山脉很难，它拥有多变的地形，也拥有原始森林、冰川雪山、大湖飞瀑等，风光奇美，让人流连忘返。

落基山脉是北美科迪勒拉山系东带山脉的主体，纵贯了加拿大和美国西部，北连马更些山脉和布鲁克斯山，南接东马德雷山脉。呈西北至东南走向的落基山脉全长约4800千米，高耸入云的山峰此起彼伏，最高峰埃尔伯特峰海拔高达4399米。在云雾之中，这些高高耸立的山峰构成了一片气势磅礴的峰海，由于恶劣天气的影响，峰顶常年覆盖着积雪，形成了独特的冰蚀地貌，奇特而又罕见的冰斗、冰凌现象十分壮观。

拥有“落基山脉皇冠”美誉的美国冰川国家公园就坐落在蒙大拿州西北的落基山脉中。来到这里，雄伟而又锋利的山峰仰头可见，如同穿越到了玄幻的童话世界中，难怪人们将它视为女王头顶上绚丽夺目的皇冠。在亿万年前，被冰川切割的河谷与湖泊坐落在这里，闪烁着绚烂而又迷离的水光，让这片土地多了一丝妩媚。这里曾经是印第安人的圣地和战场，如今却因优越的自然环境而成了野生动物的乐土。

在怀俄明盆地以南便是南部落基山脉，是整个山脉之中最雄伟的部分，由东西两组平行的山脉组成。这里的山峰多由前寒武纪时期的结晶岩构成，海拔高于4200米的山峰多达48座，著名的埃尔伯特峰便位于此。丰富的植被让这里显得生机勃勃，黄松、道格拉斯松、云杉等树种遍及不同纬度、高度的山坡。

在落基山脉这样的高海拔之地，居然还有鱼，这简直是大自然的又一大奇迹！加拿大境内落基山脉最大的冰川湖——玛琳湖中盛产各种鱼类，它也是世界第二大的冰川湖。作为落基山脉中唯一可以行驶马达船的湖泊，玛琳湖中所产的彩虹鳟鱼和东溪鳟鱼不仅是人类的美食，更是森林之中野熊的最爱！这些熊体形巨大、力量惊人，而且性格凶猛，不仅会游泳，还可以敏捷地爬树，简直是全能无敌的战士。

落基山脉广袤无垠，但却缺乏植被，英国殖民者曾因此称呼它为“石头山”，后来这个名字也扩展到纵贯南北的整座山脉。但分布范围如此之大的山脉，各个部分的差异自然也是巨大的。

南部落基山脉大多呈南北走向，平行罗列，很多山峰显得挺拔而又陡峭，山上郁郁葱葱，山涧到处都有小溪流。在淙淙流水之中，山花也摇曳可爱，百鸟争鸣更增添了勃勃生机。清新秀丽的山脉风景让南部落基山脉充满了活力，虽然峰顶的冰川积雪也在此盘踞了千百年。

中部落基山脉以高原为主，这里的地质构造非常复杂，因为火山的影响，形成了很多温泉和间歇泉。著名的黄石国家公园就有一部分位于这里，这里也是

世界上温泉最多的地方，其中“老忠实间歇泉”是世界上最著名的间歇泉。

北部落基山脉部分山地由于过去冰川活动十分频繁，形成了特殊的地貌——高高耸立的山峰和U形山谷代替了中部松软的高原。

想要在落基山脉看到冰雪豪情，似乎是最简单不过的一件事，因为这里有占地325平方千米的哥伦比亚冰原，它不仅是落基山脉中最大的冰原，也是北极圈以外北半球最大的冰原，冰层深度达365米。这里底层的雪受压之后就会形成冰块，当冰层变得太厚，就会流向四周的山谷，形成冰川。

◀落基山脉班夫国家公园露易丝湖

▲落基山脉班夫国家公园的弓湖

哥伦比亚冰原不仅是高山滑雪的胜地，也是一个大的分水岭，许多注入北冰洋、大西洋、太平洋的河流都发源于此，所以它也有“河流之母”的雅称。这片冰原一共孕育了8条冰川，最为人所熟知的就是阿萨巴斯哥冰川，这条冰川深达300米，通往冰川的公路两侧终年积雪，景色十分壮丽。而且，因为冰层密度极高，阳光也无法折射，所以当太阳照射冰川的时候，这里会呈现出晶莹剔透的蓝光，真是难得一见的人间美景。

在加拿大班夫国家公园里，露易丝湖就像是一颗镶嵌在维多利亚冰川上的宝石，她清澈、冰冷，呈现出饱满的蓝绿色，又被称为“落基山蓝宝石”。随着季节的变化，露易丝湖的水深、光线也会呈现出不同的状态，湖水因此而产生了绚丽无比的变化，让人犹如置身于诗画之中。

楚楚动人的露易丝湖以风姿绰约的维多利亚山为屏障，这条山脉终年被冰雪覆盖，当它的身影倒映在湖水中，就好像母亲慈爱地拥抱着女儿。也许正是因为这个原因，人们采用“女皇”和“公主”的名字来命名了这座山和这片湖——维多利亚就是女皇的名字，而露易丝则是女皇四公主的名字。

落基山脉的国家公园是它献给世人的一份厚礼，从那些冰川、冰原、森林和高山之中，人们窥见了这条山脉的美好，也同时感受着它自带的危险属性。

班夫国家公园坐落在落基山脉的北部，占地面积6641平方千米，这里拥有诸多大型的冰川和冰原，通过冰原公路可抵达。崇尚自然的旅行者来到这里，一方面是为了攀登雄伟的落基山，探索原始而又纯净的山区生态；另一方面也是为了享受冬日滑雪的乐趣，借机与这里丰富的野生动物进行亲密接触。在这里，你可以参与到很多户外探险活动当中，高山滑雪、滑冰、狗拉雪橇、山地高尔夫、登山远足以及洞穴探险等。大自然的神奇杰作就像是一个挖掘不尽的宝藏，冲击着人们的视野。

与班夫国家公园相类似的贾斯伯国家公园是加拿大著名的国家公园之一，这里风景秀丽，有很多野生动植物，黑熊更是这里的“常驻民”，加之北美红鹿、小鹿、大角羊等动物，比居民还要多。公园里面的弓湖、派翠西亚湖、金字塔山和玛琳峡谷等全都似鬼斧神工。

旅行·印象

诱人的落基山脉金矿

一亿多年前，由于地壳运动，落基山脉地下岩浆受到压力冲击，带来了黄金、铜和银等金属。第一批来到落基山脉的西班牙探险者越过南部山脉，在加利福尼亚州的河床发现了黄金，于是更多的人越过山脉和沙漠来这里掘金，也因此为这条山脉带来了8条铁路和十多条公路，它们都是循着一百多年前的寻金者足迹开辟的。现在的落基山脉有3个著名的金属矿区，美国爱达荷州的科达伦以出产铅、锌、银为主，比尤特、宾翰以出产铜、银为主。交通的发展加快了山区资源的开发，茂密的森林、丰富的野生动物和凉爽的气候让这里成为人们最向往的旅游区。

Mount Fuji

谁能凭爱意要富士山私有——《富士山下》

富士山

谁能凭爱意要富士山私有，硬化的前尘只是石头。陈奕迅略带沙哑的声音还在耳畔飘荡。

“我绝不罕有，往街里绕过一周，我便化为乌有”便已成了“浪游”路上最美丽的“泪流”……说不清是因为爱上了《富士山下》才喜欢富士山，还是因为喜欢富士山才恋上了《富士山下》，但，这又有何妨？

当咫尺的蓝白倒悬在东海的柔波里，当夕阳的余晖在五湖中沉落，当阑珊灯火迤逦了八海，当芝樱的雪舞迷醉了奥庭的芳草，当巍巍的明媚装点了“玉扇”，听着歌，流浪到富士山下，不也是一种浪漫？

▲富士山是日本的“圣岳”，凝聚着日本人强烈的信仰。

富士山是日本第一高峰，是日本民族的象征，被日本人誉为“圣岳”。富士山位于本州岛中南部，山体呈圆锥状，似一把悬空倒挂的扇子，日本诗人曾用“玉扇倒悬东海天”“富士白雪映朝阳”等诗句赞美它。富士山原是一座火山，自有文字记载以来，共喷发了18次，自1707年最后一次喷发后休眠至今。山顶上的两个火山口形成了两个美丽的火山湖，山麓还有火山喷发后留下的千姿百态的山洞，其中有些仍在不断喷气。富士山风穴内的洞壁上则结满了钟乳石似的冰柱，被称为“万年雪”。富士山北麓有富士五湖，湖光山色十分宜人；南麓则是一片辽阔的高原牧场，绿草如茵，牛羊成群。天气晴朗时，从山顶可看到日出、云海等大自然优雅无限的风光。而坐落在顶峰上的久须志神社、浅间神社则被日本人视为圣洁的地方。

浅间神社中供奉着富士山的神灵，据说是一位叫“木花开耶姬命”的女神。日本的民间流传着富士山终年冰雪的传说。木花开耶姬命和筑波山的山神虽同为神仙，但性格却完全不同。一天，天神下凡巡察民情，不知不觉就天黑了。于是，天神就来找富士山的木花开耶姬命，请求留宿，但木花开耶姬命却以正在斋戒为由，拒绝了天神的请求。天神只好赶到筑波山，希望筑波山山神能留宿自己，结果在那里受到了欢迎。从此，来筑波山参拜的人流不断，而富士山却遭到了终年积雪的惩罚。

▲ 对远方来的人，那素净的顶峰在召唤，而近处的屋子却在挽留。

虽然富士山山顶终年积雪，但富士山下却有四季分明的不同景色。这里，春季樱花盛开，夏季山风习习，秋季红叶满山，冬季雪舞轻扬。每年的春季，樱花盛开，在繁花的映衬下，远眺富士山，景色分外妖娆。夏季富士山适于露营、游泳、钓鱼，冬季则是冰雪运动的胜地。无论是樱花掩映还是枫叶灿烂的富士山，都给人以美不胜收的感觉。在川端康成、渡边淳一郎等文学家的妙笔下，富士山的景致与人物的命运、情感相融合，更是有了一种经久动人的力量。

旅行 · 印象

富士冢

很多日本人都以能登上富士山为荣，但由于各种原因，很多人无法亲身攀登富士山。于是，他们就在能够眺望到富士山的地方，用土堆起许多人工小山丘，并在山丘顶部建一座浅间神社，供人参拜。民间把这些人工堆起的小山丘，叫作“富士冢”。

▲冰雪覆盖的长白山，气温很低。

Changbai Mountains

十年之约，带你回家——《盗墓笔记》

长白山

那些年，我们追过的小说有很多，我们喜欢的作者无数，但经典却只有那么几个，譬如，《盗墓笔记》。

战国古墓中的青眼狐尸、七星疑棺材；悠悠秦岭下的黄泉瀑布、麒麟竭；茫茫雪山中的云顶天宫、青铜门……

追随着吴邪与张起灵的脚步，我们似乎也漫溯了时光，穿越进了另一个光怪陆离的世界，经历了另一次生死迷离的轮回。轮回归来，记忆早斑驳，却永远都忘不掉云顶天宫里，小哥儿决然远去的那抹身影。

于今，归期早至，落花飞雪映朝霞，长白浮石飞星河，长白山还是那座长白山，云顶天宫还是那样的仙姿缥缈；或许，我们终究是无法在天池畔与小哥儿擦肩，但做一把土夫子，登临长白，寻一寻青铜门，其实也不错，不是吗？

也许你已经到过了山清水秀的江南，领略了大漠孤烟的塞北，感受了水清沙白的海滨，但如果你的目的地清单中没有长白山，那将是一种莫大的遗憾。感受长白山亦真亦幻的风光，将会是一次终生难忘的经历。

车窗外，地势不断升高。从连绵的麦田到低矮的灌木再到挺拔的松树林，道路两旁的植被随着地势的起伏不断变化，虽说是同样的绿色，却因形态的不同而一点也不单调。这时候戴上耳机，听一曲巴赫的平均律钢琴曲，再看着窗外那生机勃勃的绿色植被，时间长了，甚至觉得自己也变成了绿海中的一点，鲜活而生动。一阵风吹过，似乎也能像叶子般飘落，能飘向海洋深处，那个没有拥挤的人潮和轰鸣的马达的地方。沿着曲折的山路，转过几个山头之后，道路忽然变得宽敞而笔直。在路的尽头，白云环绕着连绵的雪山，青灰色的山体和皑皑的雪峰如同一道壮美又精致的花边，镶嵌在天际线上。那便是长白山的主峰——白云峰。

沿着笔直的山路一路向北，长白山迎面而来。山脚下的木牌上分别用汉字和朝鲜族文字写着“长白山”。斑驳的木板被白色的油漆覆盖，别具特色的花纹点缀其中，素雅简约，颇有几分北国少数民族的特色。

长白山下，游客们可以乘车游览，参观大型猫科动物的“家”。驱车前进时，总是能听到丛林深处的一声声嘶吼，循着声音看过去，你会看到丛林之王正慵懒地卧在树下伸懒腰。但在保护区里，最可爱的还要数小老虎了。每年，长白山下有许许多多的小虎崽出生，新生的小老虎看上去像一只毛茸茸的大猫，虎牙还没有完全长齐，憨头憨脑地躲在灌木丛后面，看着来往的游人。小老虎生活在妈妈的保护之下，在饲养员划定的区域内生活。

走进山中，晴朗的天空下感觉不到一丝暑气，长白山果然是个避暑胜地。沿着登山长廊走上30分钟，长白山天池的轮廓便渐渐清晰了。在徒步时，还有一处神奇的景致——温泉群。在海拔两千多米的长白山上，很难想象茫茫白雪中，还有着这样一处冒着白气的山泉。泉水在乱石之间穿梭，汇集到火山石围成的泉水池中。温泉煮出的鸡蛋味道异常鲜美，尝过之后一定让你大赞自然的奇妙。

走过温泉依稀听到潺潺的水声越来越大，隐隐的声响仿佛正酝酿着一场交响。狐疑地转过山脚，只见瀑布沿悬崖绝壁飞流直下，这便

▲红叶堆积，水汽氤氲，仿佛人间仙境。

是长白山瀑布。雨季时，瀑布水量极大，如万马奔腾，水声远闻状如洪钟，近听似春雷滚滚。旱季时瀑布柔和了许多，看上去如同一条飘带在空中飘荡。

穿过瀑布，是一条通往长白山天池的长廊。长廊依山而建，其中有一处陡峭的阶梯，仅容一人行走，必须手脚同时用力才能向上不断攀爬。走出这陡峭的天阶，山坡上是茵茵的绿草和遍地野花。那野花在绿草的映衬下异常显眼，紫色、深红、淡粉……原来这便是热烈奔放的高山杜鹃。站在裸露的山脊上，向下俯瞰，奔放的瀑布与宁静的溪流交相辉映，动静近在咫尺。

长白山天池下面是木板铺就的山道。在干燥洁净的空气里来一次山中有氧运动实在是对身体莫大的放松。清晨沿着山道漫步，聆听笃笃的脚步声和鸟鸣，空谷中交相辉映的声响如同人与自然和谐的共鸣。在这交响中，森林显得更加寂静，松涛阵阵，草香扑鼻，沐浴在这样的晨光中，你是不是早已把都市的喧嚣抛诸脑后？

▲ 夕阳下沉，树影斑驳。

在山道的另一边是黑风口。黑风口是长白山山脊的一个缺口。黑风口有明显的龟裂痕迹，似乎稍稍用力，山体就要崩塌。如果在有风的时候观赏黑风口，你就能真切地体会到什么叫作飞沙走石。黑风口旁边有一条隐隐约约的小路。沿着山路艰难地攀爬，那景色一定不会辜负你。山路的尽头是长白山主峰。主峰上草甸如绿毯，五颜六色的山花铺满大地，想象不出有什么人造的编织物能与这大自然的杰作相媲美。你甚至会疑心这是天女散花的地方，真想化作一只蝴蝶，让未尽的余生都被这花海所灌溉。看着山顶上阳光掠过云端，天池中有天光云影共徘徊，这样的长白山美得像一个梦，没有人能读懂这梦境，只知道它会一直延续下去，直到沧海桑田。

度假便利贴

风味美食：黏豆包、朝鲜冷面、虾饺、蜂糕、白肉火锅、山珍火锅、桦树汁、人参茶、罗宋大菜、东洋料理、白肉血肠、阿玛尊肉。

娱乐休闲：东北大秧歌、踩高跷、龙舞、长春电影节、吉林雾凇冰雪节。

旅途购物：人参、冬虫夏草、灵芝、蕨菜、红景天、黑木耳、松花湖奇石、树皮画、彩绘根雕。

Ali Mountain

阿里山的姑娘美如画——《阿里山的姑娘》

阿里山

曾经以为，阅过峨眉的绮丽，见过崂山的隽美，瞰过泰山的雄浑，触过梅里的晶莹，世间便再也没有哪座山敢称绝代。

曾经以为，台湾的明信片里只有日月潭，南投的世界里只有玉山。

曾经以为，客家的山歌早将宝岛的民俗与风情唱尽。

但，当“阿里山的姑娘美如画”的妩媚悠扬，当温和的海风翩跹了葱葱茂木，当高山常青花海畔，当涧水常蓝萤火间，当太鲁阁的七色潋滟了温泉，当邹部的日落袅袅了炊烟，却才发现，自己竟是如此武断；却才发现，原来还有一种绝代，叫作阿里山。

▼在山顶远观，云海在日光中熠熠生辉，阿里山境界全出。

在台湾，阿里山是被吟唱得最多的名字。阿里山常常被误认为是一座山峰，其实它是由18座山峰组成的。阿里山名字的来源也真的并不能服众，仅仅是流传着的一个关于邹人勇士阿里的故事：阿里第一个走进这座山的林莽当中，获得了丰足的猎物。于是全族的猎手都遵循着阿里的足迹踏足山中，部族从此不再饥饿。于是就用了这个开拓者的名字给此山命名。事实上，这样的说法并未获得大多数人认可，阿里山仅仅像是一个极其娴熟的双音节的吟哦和叹息。

但传说却无误地表明，阿里山是一片森林。地处亚热带气候区，各种植物令人难以置信地旺盛生长，台风又会带来丰沛降雨。阿里山的山脚下，桉树、龙眼、槟榔等热带植物遮天蔽日，密集得连空气似乎都不能在中间寻找到缝隙自由流通。而随着地形的升高，渐渐过渡成为杉桧柏松的地带。其中距今已经三千多年的桧树，因为难以准确地纪年，人们就以历史的记载都不甚清晰的“周公”为名，把它叫作了“周公桧”。枯断的树木生命又以另外一种形式延续，以腐殖质的肥沃来养育植株上的第二代乃至于第三代，也被不加区别地称为“神木”。山风劲吹，森林从山麓一直起伏到山巅，形成一道道波澜壮阔的绿色大浪。而林际的呼啸，便是声势宏大的涛声。

主峰塔山海拔二千六百多米。登高者都以为站高望远，但是在塔山上并非如此。阿里山的潮湿，造成了萦绕山间变化多端的云雾，遮蔽了远远近近的无数景致。这固然是一种遗憾，但是却使

得塔山上的云海声名远扬。云雾从阿里山的山谷间袅袅升起，起初十分平淡，温暖如同深藏的村落的炊烟。几股云气交融在一起，仿佛牛乳渗透到清水之中，渐渐地苍白而浓郁，铺张成为一片深不见底的白色海洋，洋面上则有尖簇如同冰峰，随云海的整体上升而漂移。倘若大风骤至，云海掀起弥天浪涛，以偌大无比之触手，席卷整个山峰，在不能撕裂的浓厚之中，登临者的衣服已经如同淋雨。云海的富变幻、盛姿容就成为“宝岛八景”之一。

相对地，略低于塔山的祝山，被更多的观赏日出的游客所青睐。东方未白，祝山顶上却已经是人头攒动，翘首以望。日神的仆从曙光首先点染了东方天际的边缘，铺洒下玫瑰一样的花瓣。日轮的光热点燃了花瓣，生起炽热的火焰，残留的暗云则升腾为青烟。火光拉成弧形，是照耀万物之神的华盖和冠冕。最初的几道光线刺破天空是锋利无比的剑芒，而朝日的半个面孔从地平线上弹出便夺取了向它注视的人的眼光。日出仅仅是个刹那，但是它的强大光辉则足以使每个人沐浴在均衡而持久的恩泽之中。

森林、云海和日出是阿里山的三大景观，但是并非只有它们能够动人心魄，即使在山边路际随手可撷的种种，也足以让人感到愉悦和舒适，让偷闲来的游客满意而归。樱花是阿里山上最常见的花卉，那粉红色的轻云似的一抹一抹，就足以代表阿里山灿烂的春光。在木质的火车车厢里感受原始蒸汽的动力并慢慢品味花朵的馨香，是那样惬意。在夏夜黝黑的山谷里，还闪烁着万余只萤火虫的点点光火，把森林的黑夜点缀得神秘而轻盈。

如此的阿里山并不适合走马观花，那样只能浮光掠影，阿里山的终极魅力在于长久地居住，与大山、溪水的长相厮守。依水而居的邹人村落还在，青壮的男子还在山上采摘或者狩猎，美丽的女子依旧在唱着缠绵的情歌：

“高山常青，
涧水常蓝，
阿里山的姑娘美如水，
阿里山的少年壮如山。”

在这样的山歌里面，阿里山原本就不曾真实的名字再次虚幻，终成为山水一样长存的爱情宣言。

▲山内方便游人行走的小道

▲玉龙雪山是北半球最接近赤道的雪山。

Yulong Snow Mountain

彩云之南，我心的方向——《彩云之南》

玉龙雪山

“彩云之南，我心的方向；孔雀飞去，回忆悠长；玉龙雪山，闪耀着银光……”最美的时光总不负流年，最美的风景一直都在路上。

自从《彩云之南》的旋律在耳畔凝固了星空，便一直想要若南飞的孔雀一般，舒展翎羽，踏着繁花，到云南去看看。

看看那氤氲着一箫一剑的大理，看看那漫卷着秀色的丽江，看看那泸沽湖畔的草海，看看那浩荡东流的独龙江，看看那用梯田写成的元阳，看看那被油菜花烂漫了的罗平，看看那精致得不像话的卡瓦格博，看看那……但，真的走进云南，所有的诗和远方却都化作了闪闪的银光，眼眸中能容下的便只有一个地方，一个尚未离开、便已眷恋的地方——玉龙雪山。

千年的积雪，
见证着新生的爱情；
神秘的洁白，
刻下心灵深处的记忆。

惊诧于见到它的第一眼，不知该搜索什么样的语言来描述，它的精神是顽固的，是顽强的，或是其他？在北半球的雪山中，它距离赤道最近，在每天如此接近太阳甚至几乎都不能投下太阳影子的地方，它却依然终年披着厚厚的积雪，走过千古的岁月，任阳光也对它无可奈何。莫非真如传说中的那样，它其实是纳西族的保护神——三朵的化身。这或许是最能让人接受和认可的解释了。

玉龙雪山上永不消逝的积雪让它看起来气势磅礴，高耸入云，危不可攀。那永恒的白色，像永无边际的思绪，苍茫而又神秘。没有人知道这白色来自何方，要在这里待上几多岁月，也不知道它最终要去向何处。可是，这白色，却一直反射着阳光的色彩，连整个丽江古城都深受恩泽。它千年驻足于此，又像交情颇深的老友，始终面带微笑地对着茫茫人间。这厚厚的白雪实在让人浮想联翩，想琢磨，却毫无头绪。这座山不仅白得透彻，造型也很玲珑别致，在日光和月光下，都皎洁如晶莹的玉石。秀美而又灿烂的13座山峰如13把利剑，仿佛要刺破蓝天，在湛蓝的天幕下闪现，气势非同凡响。远远望去，整座山如一条矫健的玉龙横卧山巅，展示着飞舞之态，而且仿佛随时都在变幻着各种腾飞的姿势，煞有一跃而入金沙江的磅礴气势。玉龙雪山，这个诗一般的名字也因此而流传开来。

玉龙雪山的秀美还在于它那一片片几乎令人难以置信的花的海洋。遍地的白雪上遍地的鲜花足以延伸人们的想象。云南八大名花的山茶、杜鹃、木兰、兰花、百合、报春、龙胆、绿绒蒿在这里应有尽有，独占花魁的自是杜鹃！这些耐得住严寒的小花，一簇簇的，留给世人无限的思索。它们有的很矮，花仿佛开在雪地上，连一枝一叶都看不见；而高一些的，枝条矫捷地伸向玉龙山顶，零零散散地开了个满天星。红的似火一般夺目，白的就隐藏在积雪之中，紫色的尤为艳丽。这些高山上的精灵，默默地奉献着自己，为玉龙雪山增添惊世骇俗的秀美和迷人气息！

▲玉龙雪山，鲜有人类将其征服。

这个世界上不知道有多少美丽的景色和动人的爱情有关，就像玉龙雪山一样，它的美丽同样承载着爱情。纳西族人说“玉龙雪山顶是神灵居住的地方”，云杉坪是殉情人的归宿。自从传说中的开美和于勒排最先在云杉坪殉情后，那些相爱而无法打破各种观念或者由于各种原因而无法结合的男女总会偷偷跑到此地，选择云杉坪上风景最美的地方，殉情在玉龙雪山的怀抱。然后他们的家人会请来法师祭祀并为他们的灵魂超度。于是，他们的灵魂就会飞升到“玉龙第三国”。据说，那里不是天堂，不是地狱，而是爱的伊甸园。他们在这个伊甸园里能够继续相亲相爱，永远不再分开。这或许也是丽江这个小城号称“殉情之都”的由来吧。想一想云杉坪上虽说也偶有悬挂的枯枝，林间偶有横着的朽木的枯枝败叶，但毕竟芳草萋萋，雪山拱卫，树木郁郁葱葱，环绕如黛，好像千百年都没人来打扰的一个天然的世外桃源。如此人间仙境却被用作殉情的茔地着实难让每一个人都心悦诚服地接受，但是爱情，似乎也正是因为凄美才流芳百世。比如梁祝，比如罗密欧和朱丽叶，比如一切耳闻或目睹的那些让人心如刀绞的疼痛……

▲ 玉龙雪山下的纳西民居

玉龙雪山的美是千姿百态、千变万化的，同样也是见仁见智的。每个人都有一座自己心目中的玉龙雪山。在明朝时期，丽江第八代知府木公土司写下了《题雪山》：“郡北无双岳，南滇第一峰。四时光皎洁，万古势龙从。绝顶星河转，危巅日月通。寒威千里望，玉立雪山崇。”律诗之大气尽显无遗，玉龙之大气也力透纸背，流露在字里词间。

这大概足以成为玉龙雪山留给世人的身影吧。无论它的变化被捕捉时是何种的姿势与表情，也无论它的精神到底是顽固，还是顽强，还是其他种种，只要看一眼那覆盖山头终年不化的积雪，那望穿秋水也望不到它内心深处的洁白，每个人就都足以倾其一生，为之魂牵梦绕地猜测和眷恋了。

▲易北河河畔的夜景

▲夜色中的汉堡天际线

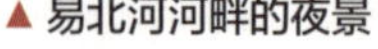

Elbe River

永远不会再让战争发生——《易北河两岸》

易北河

易北水汤汤，一朵浪花，一段流年。1949年，苏联上映了一部以“二战”的烽火为背景的电影，名为《易北河两岸》。中学时代，在历史老师的眼神威逼下曾认认真真地看过一遍，自此，这条源于克尔科诺谢山南麓的长河便成了记忆中最鲜明的符号。

多年来，从不曾忘却美苏联军在易北河畔托尔高会师之后筑起的那道森严的壁垒。

时光荏苒了河底的清砂，水草摇曳了繁华。于今，易北河谷的茵茵绿草早变成了和平的代言，蓝色奇迹毕集的汉堡也宁静了日光；水声迢迢，琴声渺渺，战争已在涟漪中成为过往，唯有德累斯顿圣母教堂的钟声仍在悠扬，悠扬……

易北河，在捷克语和波兰语中被称为“拉贝河”，它悠悠地流入捷克境内，然后拐了一个漂亮的弧形进入德国，最终在德国汉堡流入北海，全长1165千米，是中欧地区的主要航道，无言地见证了来往过客的兴衰荣辱。

易北河注定要和那个精致奢华的年代相连，“欧洲心脏”的沧海桑田深深地烙刻在它的身上。流连在易北河两岸，没有高楼大厦的压抑和钢筋水泥的冷漠，有的只是巴洛克式的幢幢小楼，用心雕刻的木质小桥。悠然走过的人群，恍惚间仿佛回到了中世纪，不见了历史的刀光剑影，只留下曾经辉煌的余韵。

易北河有着贵族般的优雅、波澜不惊，缓缓地滋润着自己流经的每一寸土地，河风轻微，鸥鸟翩翩。易北河又是忙碌的，不论在落日的余晖还是在破晓的晨曦中，不管逆流而上抑或顺流而下，总是汽笛阵阵，帆影点点。作为中欧地区的主要航道，又承载了民生重任。中欧的人民对易北河有一种天性的偏爱，买杯啤酒，与几位德国老者坐于岸边，放眼易北河的美景，耳听易北河的往事，思绪飘飞，在此感知易北河，就像在翻阅德国久远的历史。

德累斯顿被誉为“易北河畔的佛罗伦萨”，这个并不太大的城市浓缩了易北河的灵魂。城市的每一个角落都弥漫着文艺复兴时期古典浓厚的香醇。教堂、古堡，还有那数不清的古建筑无一不彰显着昔日的繁华气派，即使历史的斑驳仍清晰可见。易北河给了这座城市梦幻般的存在，在这里演奏出了德国巴洛克时代最华美的乐章。

易北河入海处汉堡，这座德国最大的港口城市集万千宠爱于一身，易北河给了它水乡的氤氲和灵性，北海给了它非凡的气度和胸怀，音乐给了它醉人的气质和内核。汉堡老城易北河段有世界上最大的仓库城，红色砖砌的新哥特式建筑竖直向上，斑斑光影在各个仓库间闪烁，茶叶的清香、咖啡的浓香时时考验着你的嗅觉。这里最美的地方就是易北河与北海相汇处，河、海、天一色，自然、天然、安然，蓝天、白云、滚滚逝水，只有这些才是永恒。

易北河有段历史不能绕过，“二战”时期美军士兵和苏联盟军在小镇托尔高的易北河会师。易北河会师的誓言“永远不再让战争发生，尽最大的努力不让世界上发生的可怕事情重演”成为托尔高的标语。

易北河岸边每个城镇都有自己的故事，它们的故事都离不开这条流淌的易北河。

▲ 静静流淌的易北河

Rhine Valley

莱茵河畔，美丽而宁静——《莱茵河畔》

莱茵河谷

佛说，红尘万千不过是一场因果，你恋上她是因，她恋上你是果，彼岸花开的时候，天鹅堡中深情的公主，眸中映着的永远都是莱茵河谷的千仞奇秀、花火流觞。

犹记得，麦洁文那首充满了眷恋情怀的《莱茵河畔》曾开启过多么甜蜜的幻梦。

谁不想成为公主呢？谁不想有一段纯洁的初恋呢？谁不想在洛娥莱崖的巉秀中放歌呢？谁不想邂逅圣哥森的渔火呢？谁不想在芦荻哈姆的夜色中看花灯呢？谁不想品味葡萄酒中沉淀的芬芳呢？

既然如此，七月流火的午后，踩着青葱，邂逅这绝美的河谷桃源，岂不亦是理所当然？

▲莱茵河谷浪漫的城堡成了德国古典浪漫主义的典型。

莱茵河从瑞士中部的阿尔卑斯山出发，向北流经瑞士、列支敦士登、奥地利，转而向西流经德国、法国、荷兰，最后在荷兰的鹿特丹附近注入北海。它日夜流动，载运着数以万计的货物，是欧洲大陆上最具有历史意义和文化传统的大动脉。据说，世界上五分之一的化工产品都是在莱茵河沿岸生产的，也正因为如此，莱茵河受到了严重的污染。

但在莱茵河中部，德国城市宾根到波昂之间的一段，却有着难得的干净与美丽，被称为“莱茵河谷”。这里安详静谧，以至于来往的船只都不忍用汽笛划破这里的宁静，它们总是静悄悄地来去，留下一条安静而浪漫的河流。而莱茵河仿佛读懂了人们的善意一般，没有辜负大家的期望，承载着德意志民族的

起起伏伏，成为德国的命运之河，也成为德国城堡浪漫主义的典范。

乘上小艇，顺着莱茵河弯弯曲曲的河道，徜徉在清澈见底的河水间，极目远望，碧绿的葡萄园、引人注目的小城、一座座青山，以及掩映在青山之中若隐若现的古老城堡，不禁让人的思绪飘向遥远的过去，那一段段的古老传说、传奇佳话，仿佛清澈的莱茵河水一样，浮现在人们眼前。

宾根占据着得天独厚的地理位置，从罗马时代开始，这里就种植葡萄。白天，温暖的阳光照射着葡萄生长的土地，人们在葡萄园里劳作；夜晚，悠闲的人们在酒吧或自酿酒的酒馆里，倒上一杯葡萄酒，偶尔与朋友聊上几句。很平淡，但生活是幸福的。即便没有约朋友，只是独坐，在那样轻松的环境里，品着甘甜的葡萄酒，也是极好的。

提起葡萄酒，就不得不提到莱茵河畔的吕德斯海姆。它坐落在平缓的山坡上，是一座古色古香的小城。满城都是层叠的红色屋顶和绿树掩映的街道，还有大片的葡萄园。教堂和城堡周围，满是鲜花、小楼、泉眼、酒窖和一个个脸带笑意的游客。小城里，有一条狭长的小巷名叫德洛塞尔，宽度不足5米，两旁排列着一座座黑色桁架小楼，楼上、楼下铺满了鲜花。走在这里，到处弥漫着淡淡的花香和浓烈的酒香。而且很多私人的酒窖都向外人开放，让人们来这里品尝各种葡萄酒。夜晚来临，在轻轻的晚风中，整个莱茵河谷都被糅进了葡萄酒的香气，沉醉在这浓郁的酒的甜梦里。

世界上，只有很少的地区，能像莱茵河谷一样，将悠闲的生活、充满传奇色彩的故事，以及深厚、真实的历史如此完美地结合在一起。圣哥森附近有一段十分狭窄的地段，那里曾经是传说中最危险的地方——洛娥莱崖。崖高132米、宽90米，就像一个美丽的少女一般，屹立于莱茵河的转弯处。传说，在这片岩石上，曾有一位叫洛娥莱的金发女郎，带着她6个美丽的姐妹。她们美丽动人，而且声音甜美，但却都是铁石心肠。每当河水下降时，洛娥莱就带着姐妹们端坐在山崖上，弹起竖琴，唱出美妙的歌谣。所有经过此地的人只要听到她们诱人的歌声，看到她们姣好的容颜，就会被永远地留在莱茵河中。这个传说曾经让无数的诗人、画家、音乐家慕名而来，而他们的诗歌、画卷、音符，又让两岸点缀着古老城堡的河谷充满了更加神奇的色彩。

▲莱茵河谷小镇的夜晚，给你的只有安静和惬意。

如今，当河水下降时，人们还可以清楚地看到危险的“七少女”暗礁。这些奇特的暗礁在夕阳的照耀下就像少女在梳妆打扮，姿态妩媚迷人。但洛娥莱崖却已褪去了古老、危险的色彩，而是加入了现代的、多元的绚丽色彩。她平坦的岩石上，有着巨大的露天舞台，摇滚乐、流行乐和民俗文艺成了这里的主角。

莱茵河是德国人的骄傲，除了大片的葡萄园，离奇的传说，还有数不胜数的城堡。据说，德国的城堡大约有一半坐落在莱茵河谷地区，它们就像女神无意间撒落的珍珠，参差错落地落在神奇的绿色地毯之上。地毯随着季节的变化，一层层地铺展，珍珠便随着林荫道的蜿蜒伸展。当你禁不住好奇，推开古

堡那优雅而恢宏的大门时，一阵古老富丽的气息迎面而来，仿佛身穿燕尾服的绅士在向你鞠躬……

莱茵河就是这样，带着淡淡的酒气与富丽，成为德国的灵魂，也成为无数艺术、文学作品描绘的对象。在这条充满浪漫气息和神奇色彩的河流里，显现着天堂般美丽的色彩。

每到仲夏之夜，莱茵河谷就会举行盛大的灯火节，延续四五天，这期间，莱茵河都会映照在华丽的焰火之中。每一次的爆鸣，都有一朵焰火从人群中腾空而起，穿过快乐的人群、闪闪的繁星，冲向深邃的天空。片刻之后，这朵异域之花，如珍珠瀑布般洒落在河谷之中。焰火的红色光晕给微微温热的夜晚增添几许绚烂的意味，许多艘海军的白色舰船，在节日的焰火下结队航行；河岸上的人们或在帐篷里，或在搭建的露天舞台上，饮着醇香的葡萄酒，看着漫天的焰火，跳着欢快的舞蹈……

莱茵河谷就这样，安详地沉浸在古老与现代交替的传说中，任由河岸绚烂的焰火，传递上帝的祝福。

◀古堡俯瞰着日夜不息的莱茵河以及生活在这里的人们。

▲山间的小瀑布

Jiuzhaigou Valley Scenic

神奇的九寨，人间的天堂——《神奇的九寨》

九寨沟

天上旖旎可如瀑，人间瑶池应如是。花海流觞，落雨谈蝉，斑斓的岁月总流转着斑斓的光影，光影疏斜处，一叶深红，在经幡之上绽放着九寨最美的柔情。

秋舞霜天，夏落繁花，春水流樱，冬雪皑皑，一年四季，无论何时，邂逅九寨，都能尽享视觉的盛宴。

九寨自古多倾城，倾城之下坎坷生，或许是因为九寨太美了吧，美得连苍天都要嫉妒，所以，2017年8月8日，一场突如其来的地震，重创了九寨沟。不过，好在，世间最伟岸的力量从来都是大自然的鬼斧神工。震后仅仅半个多月，九寨沟便如涅槃重生般再次绽放了旧日的风华。

人间有桃源，绝世赞九寨，踏着岁月的芳菲，行走在九寨沟，足尖流转着碧水间的斑斓，心中徜徉着欣喜与眷恋。无须回首，便已留恋；无须清歌，早已绕梁……悠悠九寨，碧水桃源，人间童话，谁能不深爱？

来到九寨沟，与其说是在玩赏湖光山色，倒不如说是进入了一座神奇的大自然艺术殿堂。崇山峻岭是九寨沟的风骨，湖泊与瀑布是它的柔情。走进九寨沟，林海的苍翠与湖水的多彩，都像是大自然为了某个盛大的节日而盛装打扮，令人如痴如醉。水映衬着山，山因水而生动。空蒙的青山绿水间，延绵数千千米，唤起人们无尽的想象。流水沿着陡峭的山坡哗然泻下，飞舞的水花溅起雪白的波浪，而山川之下，是那碧蓝的“海”，清澈见底，连“海底”的一草一木和穿梭自如的鱼儿都看得一清二楚。九寨沟把刚强与柔美、传奇与现实，完美地融入奇峰异水之中、蓝天白云之间。那在风中飘扬的经幡，在草地上摇着尾巴的悠闲的牦牛，那古老而斑驳的水磨坊……像是一个个音符，谱写成了一曲有关大自然的赞歌。

九寨沟位于中国四川省阿坝藏族羌族自治州，因为分布着9个藏族村落而得名“九寨”。1992年，这个神奇的地方就被列入了联合国教科文组织世界遗产名录。许多游览过无数美景的游客来到九寨沟，依然会被它独特的美而打动。九寨沟平均海拔2000～3000米，是典型的高山深谷碳酸盐堰塞地貌。九寨沟最引人入胜的，要数它的高山湖泊。九寨沟现存许多冰川遗迹，由于地下水的矿物质含量丰富，而且泉水源头异常洁净，再加上水流沿着梯形的河床层层过滤，因此湖水由于不同的矿物质而呈现不同的颜色，清澈见底，如同一块块色彩各异的翡翠镶嵌于地表，将亿万年的时光结晶包裹其中。九寨沟的主景区呈“Y”字形，将一百多个瀑布、山泉、湖泊、溪流连接在一起，映衬着碧海蓝天，多姿多彩，变幻莫测。

日则沟是九寨沟原始森林的主要段落。日则沟中以五花海最为著名。由于丰富的矿物质和湖底沉木的严重钙化，五花海湖底仿佛有一簇簇色彩斑斓的珊瑚丛，在阳光的照射下无比动人。鱼儿在水底穿梭，看似触手可及，事实上却深不可测。

五花海的制高点被称为老虎石，站在老虎石上就能俯瞰五花海的全景。金秋时节，山坡上五颜六色的落花与秋叶纷纷坠落，将整个五花海打扮成一个穿着五彩锦衣的仙女。湖水、日光、落叶，这完美的结合将人间最绚烂的色彩融进了五花海中。五花海的铺张与繁复甚至让人误以为闯进了阿拉丁的神灯世界中。

犀牛海如同一头沉睡的犀牛，在睡梦中轻轻地呼吸，水草随着它的“呼吸”缓缓摇摆，幻化出耐人寻味的美景。九寨沟海拔最高的长海在冰封之中显得肃穆而神秘。珍珠滩瀑布悬挂在日则沟的峭壁上，激流破冰而下，俯冲向湖面，溅起白色的水花，犹如大珠小

冬日美景亦真亦幻，
湖底的生物若隐若现。

珠落玉盘。

树正群海由四十多个大小不同的海子集结而成，密林环绕其间，连绵数千米，与日则沟相邻，主要的景点有火花海、芦苇海、盆景滩等。盆景滩是一个地势低平的浅滩，整个景点犹如一座巨大的盆景。火花海呈深红色，清晨风吹时，浪花如同朵朵火花。诺日朗瀑布是大型钙化瀑布，也是我国最宽的瀑布。

九寨沟的自然景色随着时间的变换而呈现出不同的风貌。春日里的九寨沟，雪水渐渐融化，嫩芽从土里伸展出腰肢。溪流与河水渐渐苏醒，在和煦而慵懒的春日阳光里流过山崖与丛林。远远望去，河流的那边是依然没有融化的雪山，被白雪覆盖的山峰在阳光下，宛如童话故事里的城堡。夏季的九寨沟像一朵盛开的杜鹃，将大自然的热情和浓重的色彩都凝聚在此。苍翠欲滴的丛林化作浓荫，守卫着五彩的湖水和连绵的青山。秋日里的九寨沟则灿烂而斑斓，彩色的树林倒映在湖中，与缤纷的湖光融为一体。

冬日里，九寨沟尤为宁静，山川与河流都被裹上了一层银装，瀑布与山涧仿佛凝结在半空，彩色的湖面在日光的照耀下变换着冰纹。每到冬季，九寨沟还会举行国际冰瀑旅游节，盛大的庆典从1月持续到3月，人们从世界各地赶来这祥瑞之地，只为一睹冬季九寨沟的风采。

6
Chapter
众生皆苦，你是草莓味

Kyoto

自在飞花轻似梦，无边丝雨细如愁——《古都》

京都

蛾眉微蹙花应见，岚山雾雨稻荷愁，金阁清水寺连环，祇园红袖两相欢。在东京向东、西京向西的日子里，京都也便成了“大和”最向往的地方。

千重子与苗子在命运交会的瞬间便演绎出了太多的阴差阳错，《古都》与京都在现实中重叠的瞬间亦勾勒出了太多的从容清婉。

川端康成是个有故事的人，他希冀在岚山的秋色里寻找到故乡的痕迹。

京都同样是个有故事的地方，纵便不曾有穿云而出的一线阳光，不曾有出岫云端的社寺烟霞，它依旧能用琵琶的雨雾、金阁的深情、纯美的古韵、迤逦的香火交织出一个“真正的日本”，一个日本人心中最烂漫的“心灵故乡”。

盛装打扮的艺伎正赶赴演出地点。

京都是日本的历史名城，这座城市处处弥漫着古风古韵，庄严的寺庙、古老的城墙，斑驳的青石板、澄澈的池水，还有盛开的樱花、温柔的月光，都精巧而微妙地流露出浓浓的复古气息。它就像是由历史创造出的庞大的露天展览馆，堂而皇之地向公众开放着，而展馆的主角便是林立其中的古典庙宇。

京都曾是日本旧时的王都，具有一千二百多年的建城史，享有“千年古都”之誉，历来被视为日本人的精神故乡、日本文明的源头、日本文化的象征之地。绵长深厚的历史文化与飞速发展的城市经济让这座城市兼具两种截然不同的风采：一种是光鲜亮丽，充满时代感的摩天大楼；另一种是厚实凝重，历经岁月浸染的寺庙佛阁。

光听名字，即能从金阁寺、银阁寺上想见它们的富丽与辉煌。金阁寺建于1379年，正式名称为鹿苑寺，原是足利义满将军的山庄，后来改作禅寺“菩提所”。它是一座三层楼阁的寺庙建筑，第一层为法水院，第二层为供奉观音的潮音洞，第三层是供奉三尊阿弥陀佛的

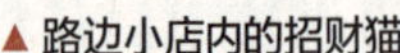
▲路边小店内的招财猫　▲神社里用来祈祷的签文　▲色彩绚丽的京都

佛堂。令金阁寺扬名的是核心建筑舍利殿，殿堂外墙以金箔为装饰，阳光映照下来，顿时显得金光灿灿、富丽堂皇，若再倒映至寺前镜湖池里，更显得雍容华丽。另外，金阁寺的门票也设计得非常别致，游客们拿到的不是普通的参观入场券，而是写有祝福话语的纸符。院中的不动堂边还有中文和韩文的“神签”，可供占卜。

银阁寺与金阁寺的建成时间相隔百年。它是足利义政将军在东山山麓仿效金阁寺建起的一处别墅，原名为慈照寺，到江户时代才改名为银阁寺。当时，足利义政把茶道和插花等艺术融合禅道思想，形成独特的“东山文化”艺术，银阁寺中的观音殿和东求堂即是东山文化的庭园建筑遗产的典型代表，现在已被列入日本国宝。游客们来到观音殿前面空地上，会发现此地铺有一层白砂，还有用白砂堆砌成的圆锥台，这里即是有名的银沙滩和向月台。每当月明之夜，在月光的照映下，银沙滩和银阁寺交相辉映，充满了诗情画意。

与华丽优雅的金阁寺、银阁寺相比，清水寺和平安神宫在雕琢之美外，又平添一番迷人的自然美景。建于798年的清水寺是日本最古老、最有名的寺院之一，全寺依崖而建，未用一根钉子。大殿前那片悬空的主堂，由139根高数十米的大圆木支撑，宛如宽阔的舞台，人们称之为“清水舞台”。游客们站在“清水舞台”上，可以一眼望遍京都全貌。清水寺正殿旁还有一条音羽瀑布，这条瀑布流水清冽，终年不断，被列为日本十大名水之首，清水寺亦因此而得名。富于浪漫情怀的人们为音羽瀑布赋予了神奇而美好的寓意：据说它的三条源流，分别代表长寿延年、学业有成、爱情顺利，如果有谁饮过三条源流的泉水，不论许下什么心愿都能如愿以偿。

平安神宫为游客们呈现的是另一种自然之美。这座宫殿的大门、主殿、配殿为对称式木结构建筑，鲜艳的朱红色配以碧绿的瓦和局部的白墙，十分引人注目。红绿相映的主殿后面有三座池塘和四座庭园，正殿里的神苑是日本池泉洄游式庭园的代表杰作，面积大约有三万平方米。引琵琶湖水入池后，游客们可以绕池欣赏樱花、花菖蒲、水莲、胡枝子等四季花朵。神宫院内还有一棵

▲青瓦顶的古朴佛寺，幽静淡泊，似乎与尘世隔绝。

名声在外的红枝垂樱，到了每年4月间，这棵老树绽放的串串樱花犹如美丽的流苏，艳丽的花朵缀满枝条，淡淡香味弥漫周围。稍有微风拂过，那花朵便被吹得摇摇欲坠，香味也变得更加馥郁芬芳。

偌大的京都仰仗千年历史，林林总总有数千座庙宇，如东本愿寺、西本愿寺、龙安寺、高山寺、京都三千院、醍醐寺、三十三间堂、妙心寺等。每座庙宇背后都有各自的历史背景与自然情趣，如果能在一年四季的不同时期前来参观，自然能体会到它们的独到之美。

京都虽然不能和东京、大阪等一级城市相比，但因为拥有如此众多而出名的庙宇建筑和历史遗迹，在日本具有极高的旅游价值。当站在那些恢宏壮丽、庄严肃穆的古典庙宇面前，你会觉察到深深浅浅的历史暗影正显现在斑驳的墙壁上。

▲守卫在庙宇前的石狮雕像，象征着宗教信仰神圣不可侵犯。

Nepal

想要飞，就要静静地等到风来——《等风来》

尼泊尔

初识尼泊尔，是因为一部电影——《等风来》。追随着诗意的广角，一路向前，伴着唯美的景致，一段段、一个个喜怒哀乐的故事纷至沓来，幸福的味道也越积越满。

那时候，便有一个愿望，到尼泊尔去，悄悄地捧一团幸福回来珍藏；

真的到了尼泊尔，才发现，原来，幸福早已泛滥成灾。

尼泊尔是个怎样的地方呢？

安纳普尔纳雪峰总喜欢用它的峻拔将珠穆朗玛守候；佩瓦湖的日落常眷恋着老城沧桑的轮廓；杜巴广场的白鸽最爱的便是用翅膀绚烂那彩色的霓虹；奇特旺的密林里时时刻刻都在上演着动物“狂欢趴”；博卡拉的悬崖边，背着滑翔伞的游客总会安静地等风来……

风来了吗？

风来之后会如何？

不沐浴着夏日午后最温醇的阳光，亲自到尼泊尔去走走，谁又知道呢？

尼泊尔素有“山国”的美称，喜欢高山运动的朋友定然不会忽略它。这个小国深藏在喜马拉雅山脉南麓，北临中国，东南西三面与印度接壤，整片国土狭长而窄小，但这片不到15万平方千米的土地，居然坐拥或与邻国共享着世界十大高峰中的8座，几乎揽尽了地球最高处的所有风光。

那8座高峰终年不变地站在这里，它们分别是珠穆朗玛峰、干城章嘉峰、洛子峰、马卡鲁峰、卓奥友峰、道拉吉利峰、马纳斯鲁峰与安纳普尔纳峰。珠穆朗玛峰整体呈金字塔状，皑皑白雪遍及全身，犹如一柄寒光四射的巨型宝剑直插云霄。峰体周围的冰川雪线千姿百态，晶莹透亮，当万丈霞光映射而来，世所罕见的瑰丽雪景即灿然展现。

奇特旺国家公园曾是尼泊尔皇室和贵宾的私人狩猎地，现已面向公众开放。公园里有无数激流险滩、茂密丛林、奇花异草与飞禽走兽，到处是一片片古老而新鲜的原始天地，许多喜爱探险的朋友都把这里作为旅行的首选地。

由于公园里的山体落差比较大，环绕其间的水流跌宕起伏。每有大浪扑来，漂流爱好者便会乘坐橡皮艇飞越重重险滩顺水而下，体验那剧烈而激荡的漂流快感。两岸山水亦如铺开的长长画卷，永不停歇地展示着自己的美丽。一些丛林探险者则会选择在清晨或傍晚时分，骑着大象在象夫的引导下慢吞吞地前行，他们的目的当然不是赶路，而是为了观看随时可能出现的野生动物，比如白斑鹿、豚鹿等。

▲ 安纳普尔纳峰

尼泊尔的首都加德满都是以一幢三重檐的塔庙式建筑为中心而建造起来的城市，历史悠久，以精美的建筑艺术、木石雕刻而成为尼泊尔古代文化的象征。尼泊尔王朝在这里修建了数目众多的宫殿、庙宇、宝塔等，在面积不到7平方千米的市中心就有佛塔、庙宇二百五十多座，全市有寺庙二千七百多座，真可谓“五步一庙，十步一庵”。

尽管经济相对落后，但古老的宗教文化、精致的手工艺品和丰富多样的野生动植物，还是使尼泊尔成为令人难以忘怀的旅游胜地。同时，在尼泊尔人身上，还能找到一种乐观惬意的生活态度，无论男女老少都可以在这里找到释放心情的游乐项目。

Yellowstone National Park

每个人都有平等的生存机会——《2012》

黄石国家公园

玛雅预言的蓦然“成真”，让《2012》成了一场绝望的盛宴；生死之间，“所有人都有平等的生存机会”便成了最铿锵的宣言；末日的梦魇前，唯有端坐于挪亚方舟之上，才能笑看云天。

不是第一次看末日片，眼球也委实饱经不少“大灾难”的考验，但却只有《2012》在眸光中镌刻了震撼。

为什么呢？

或许是为杰克逊的坚毅、凯特的大爱，又或许只是为黄石国家公园相差云泥的绝世浪漫。

初夏时节，带着一种“欢喜庆余生”的心境，走进黄石国家公园，看看那间歇喷发的大温泉，看看那壮美如画的黄石群，看看那七彩氤氲的大棱镜，看看那银河纵横的大峡谷，再看看那蓝澈了晴空的黄石湖，眸中，便忍不住会油然而生一抹灿烂：黄石，真美；活着，真好！

曾经有一部灾难片，以壮观的火山地震场景给观众以深刻印象，它就是取景于美国黄石国家公园的《2012》。里面有一场火山喷发的镜头，堪称灾难大片之最。电影归电影，现实中的黄石国家公园，的确是世界上最大的火山口之一。这个破火山口是由特大爆炸性喷发而形成的。关键是这座超级火山它不是死的，而是活的！黄石国家公园每年都会经历数千次小地震。有专家指出，如果它真的大爆发，其喷发的岩浆能够淹没半个美国，至于喷发后留下的火山灰更能影响全球气候！好在科学家预测，在将来，火山爆发的危险不会增加。美国人自豪地称黄石国家公园为“地球上最独一无二的神奇乐园”。

黄石国家公园位于美国中西部怀俄明州西北角，并向西北方向延伸到爱达荷州和蒙大拿州，面积达8956平方千米。公园非常大，驾车前往也需3天时间才能逛完全部著名景点。整个公园的自然景观分为5大区：西北的猛犸象温泉区以石灰石台阶为主，故也称热台阶区；东北为罗斯福区，仍保留着老西部景观；中间为峡谷区，可观赏黄石大峡谷和瀑布；东南为黄石湖区，主要是湖光山色；西及西南为间歇喷泉区，遍布间歇喷泉、温泉、蒸汽泉、热水潭、泥地和喷气孔。黄石国家公园有三百多个间歇喷泉，至少有1万个地热地形点。全世界一半地热地形点和三分之二的间歇喷泉都集中在黄石国家公园里。公园内一条长达500千米的呈“8”字形的山区公路，把这5个区联系起来。另有1500千米的步行小道，供背包客自由行走。公园在北门、东北门、西门、东门和南门有5个入口，方便来自不同州的游客。考虑到安全因素，冬天的时候只会开放北门。

在黄石国家公园这个绝对原始神秘的地域中，你将亲见所有的神奇：奇异独特的彩色间歇泉、火山、峡谷，以及宁静悠远的森林和湖泊等。良好的生态环境中，栖息着北美野牛、灰狼、棕熊、驼鹿、麋鹿、巨角岩羊、羚羊、羚牛等野生动物，因此黄石国家公园也是野生动物保护区。如果你够幸运，会遇到北美野牛群在悠闲休憩，或者碰到角对角打架的羚羊。不过千万别去打扰它们，更不能用闪光灯拍照，也不要随意按响喇叭，要知道惊吓到猛兽你可是会有生命危险的。

一进入园区，你会发现整个黄石国家公园就像一锅开水，到处都在冒着蒸汽，空气中满是硫黄的味道。据说公园内共有一万多个火山地热温泉。间歇泉区是表现黄石国家公园地热特征的最佳景点，它分为上间歇泉盆地、中间歇泉盆地和下间歇泉盆地，仅上间歇泉盆地内就有180处间歇泉，其中最具代表性的是老忠实间歇泉和大棱镜温泉。

老忠实间歇泉，之所以得这个名字，是因为它不像其他喷泉那样爆发得没有规律，而是每隔几十分钟，它就会喷发一次，每次历时约4分钟，误差很小，从不令游客失望。它因始终如一的忠实而受到世人的喜爱。在喷发之前，老忠实的泉水从地下一点一点地往上喷涌，一次比一次高，跃跃欲试地准备最后的喷发，喷得最高最美之时是前20秒，每次喷出大量热水，高度达40～50米，水温93°C。巨大的水柱瞬间冲向天空，阳光辉映下，水蒸气闪出七彩颜色，挂出一

道彩虹，蔚为壮观，围观者无不发出赞叹之声。三五分钟后，水柱缩小，慢慢退回地下。这个时候，你不得不为大自然的精彩表演而鼓掌。

公园另一处有特色的温泉是大棱镜温泉。它位于黄石国家公园西边，是美国最大、世界第三大温泉。黄石美在色彩，而它的色彩在大棱镜温泉表现得最为淋漓尽致。大棱镜温泉并不是喷泉，而是一个如镜面一般的温泉池塘。温泉中心地带由于高温没有生物生存。温泉水中富含矿物质，使得水藻和菌落中带颜色的细菌在水边得以生存，在阳光的折射下从内向外呈现出蓝、绿、黄、橙、橘色和红色等不同颜色。里面是蓝色的池水，深浅不一的橘色包围着池水边缘，特别像一大片被金子镶边的镜子。在阳光照射下，鲜艳的颜色将整个泉水围绕在温泉雾气中。许多游客选择登上小路旁的山坡观赏它的全景。

游人站在人行栈道上，四周到处都冒着热气，身处其中，那份震撼，无法用语言形容，更无法用照片表达。空气中弥漫着一股强烈的硫黄味道，此时需

◀黄石国家公园的老忠实间歇泉

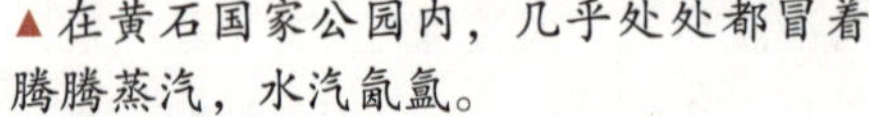
▲在黄石国家公园内，几乎处处都冒着腾腾蒸汽，水汽氤氲。

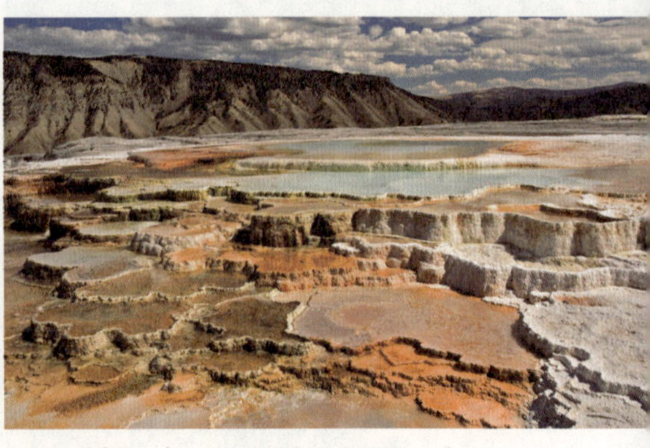
▲猛犸象温泉，是世界上探明的最大的碳酸盐沉积温泉。

要注意的是，因为硫黄对呼吸道有一定刺激，因此不宜在间歇泉密集处停留太久。要知道，黄石国家公园好玩的地方还多着呢！可以参观彩色的黄石河大峡谷、化石森林、野生动物，或者还可以直接在黄石湖边找个露营地。

黄石国家公园很大，往往一个景点到另一个景点就需要20千米，只有自驾车才节省时间，便于在景点间游览。当你开着车驾驶在“8”字形道路上的时候，冷不丁地就会有野牛或者羚羊优哉游哉地行走在公路上，挡住你的去路，仿佛它们才是这条路上的主人。而这个时候你必须在离它们约18米的地方停下来（公园规定），等它们离开后你才能继续前行。黄石国家公园中有着丰富的地貌和多类型的生态系统，其中以亚高山带森林为主，还有湖泊、峡谷、河流和山脉。公园内有记录的哺乳动物、鸟类、鱼类和爬行动物有数百种之多，包括多种濒危或受威胁物种，是美国本土最大和最著名的巨型动物居住地，是灰熊、郊狼、美洲野牛和加拿大马鹿的栖息地，这里的野牛群是美国最古老和最大的野牛群。

黄石国家公园中间是峡谷区，黄石大峡谷就在这里。峡谷经黄石河水长期的强力冲刷，才得以形成气势磅礴的黄石大峡谷。峡谷长32米，宽450～1200米，深达360米，格外险峻，令人惊心动魄。由于冲刷它的河水富含矿物质，使它呈现出黄、橙、棕、褐等颜色，形成色彩瑰丽的岩壁。一路走上去，远远就能望见峡谷里黄石河水飞流而下的磅礴气势。落差高达94米的下瀑布是黄石峡谷最著名的瀑布之一，在阳光的折射下，会看到一道彩虹横跨在峡谷两边，颇为壮观。流淌的黄石河水沿着弯曲的山谷一路往下，十分湍急。山谷两旁，松柏碧绿、白雪皑皑，形成一道独特的风景线。

黄石湖位于湖区中心，是黄石国家公园里最大的湖泊，也是世界上最大的高山湖之一。湖的形状有些像人的手，西面有一处像大拇指的地方被称为西大拇指，是个著名的热气地带。从西大拇指处望向黄石湖，会发现湖面岸边五光十色，且颜色在不断变化，这是湖底的热喷泉在喷发的迹象。黄石国家公园内共有12处露营地，还包括一个钓鱼桥房车公园，有的营地还可接受网上预约，另一些会按照先到先入住的方式登记。游客在获得露营许可证之后，就可在营地露营了。

露营最好自带装备，比如帐篷、睡袋、挂灯、手电筒等，露营地会配基本的饮用水、防熊食物柜以及桌椅等，有些营地附近可以洗热水澡。由于公园内有熊、狼等危险动物，因此要留意有防熊标志的地方。在露营的时候，食物一定不能放在帐篷内，也绝对不要将食物或垃圾放在无人看管的地方。要知道，动物的鼻子是很灵的，那样做很可能会引来饥饿的猛兽。露营区会有一个大铁桶让露营者存放食物，为防动物偷吃，你还可以把它吊上树，最后产生的垃圾必须全部带走。公园有规定，不允许露营者在野餐区过夜，那是夜晚的猛兽常出没之地。露营者在徒步时，也要随时注意天气变化、突如其来的野生动物、松动的路面，以及喷涌而出的温泉等。毕竟人身安全是第一位的。除了露营，黄石国家公园还有很多户外活动可以玩，比如徒步、钓鱼、骑自行车和泡温泉。公园也是摄影爱好者的天堂，在景区内随意的取景都如同明信片一般。如果游览饿了，一定要去旅馆附近的餐厅尝一尝特色的野牛肉牛排、野牛肉汉堡，或者鹿肉做的肉排或汉堡，味道都非常鲜美。

黄石国家公园春夏秋冬都是仙境，不同时节有不同的玩法。唯一的共同点是，它绝对是个令你大开眼界，乘兴而来、满意而归的地方。

▲ 黄石国家公园中的叉角羚

Shaoxing

我家门前有两棵树，一棵是枣树，另一棵也是枣树——《秋夜》

绍兴

记得，以前的小学课本上，有一篇鲁迅先生的文章《从百草园到三味书屋》。初学的时候，只觉冗长无味，唯一能记住的便只有刻着“早”字的书桌和“美女蛇”的传说。

长大了，再次阅读，咀嚼着那简约的文字，却不知不觉地品出了几许老绍兴的独特味道。

绍兴是个什么样的地方呢?

东湖的秋月潋滟着古桥，兰亭的夕照蜿蜒着书香，繁星最爱的是沈园亮红的灯笼，戴着乌毡帽、吃着乌干菜的艄公最爱的便是那风雨中摇曳的乌篷船……

但，枕着水乡，恋着桃源，朝花夕拾间，蓦然回望，却才发现，最纯粹的绍兴风光竟依然要从百草园与三味书屋开端。

▼沈园

园内亭台楼阁，小桥流水，景色绝妙。陆游曾在此留下著名词作《钗头凤》。

▲ 咸亨酒店

绍兴就像一坛被窖藏得很好的花雕，而今我们所尝到的甘洌，正是来自历史年复一年的酝酿和窖藏。从勾践卧薪尝胆、矢志吞吴的越，到王右军悬腕挥毫、意气淋漓的东晋，继之到岳飞独木难支、半壁江山拱手让人的南宋，转而是秋瑾长虹贯日、苍鹰击殿的晚清，再到鲁迅先生为之“横眉冷对千夫指，俯首甘为孺子牛”而付出的风雨岁月，如此一气呵成的沧桑纪年，最终尘埃落定地成就了一碗佳酿，名字叫作绍兴。

绍兴南靠耸峻的郁郁青山，北有柔媚的星星湖泊和钱塘海河，它从来都是一个温和中见刚烈的城镇。这是一座不曾被荒废的城池，虽然大大小小的战事不断，却没有过灭城的历史。每一次朝代跌宕过后，城墙被收拾一新，旧的工事被加固，新的统治者在这里安营、设府，所以绍兴又像一个立南面北的人臣之城。就这样，过往的痕迹被绍兴小心翼翼地收藏，以至行走在今日绍兴的街头，两千多年的历史仍可在抬目举足间倾入眼帘。

或许我们应该趁着春日无多在这里巡游，人手一杯上好的花雕，敬昔日的英杰与现在努力生活的自己。

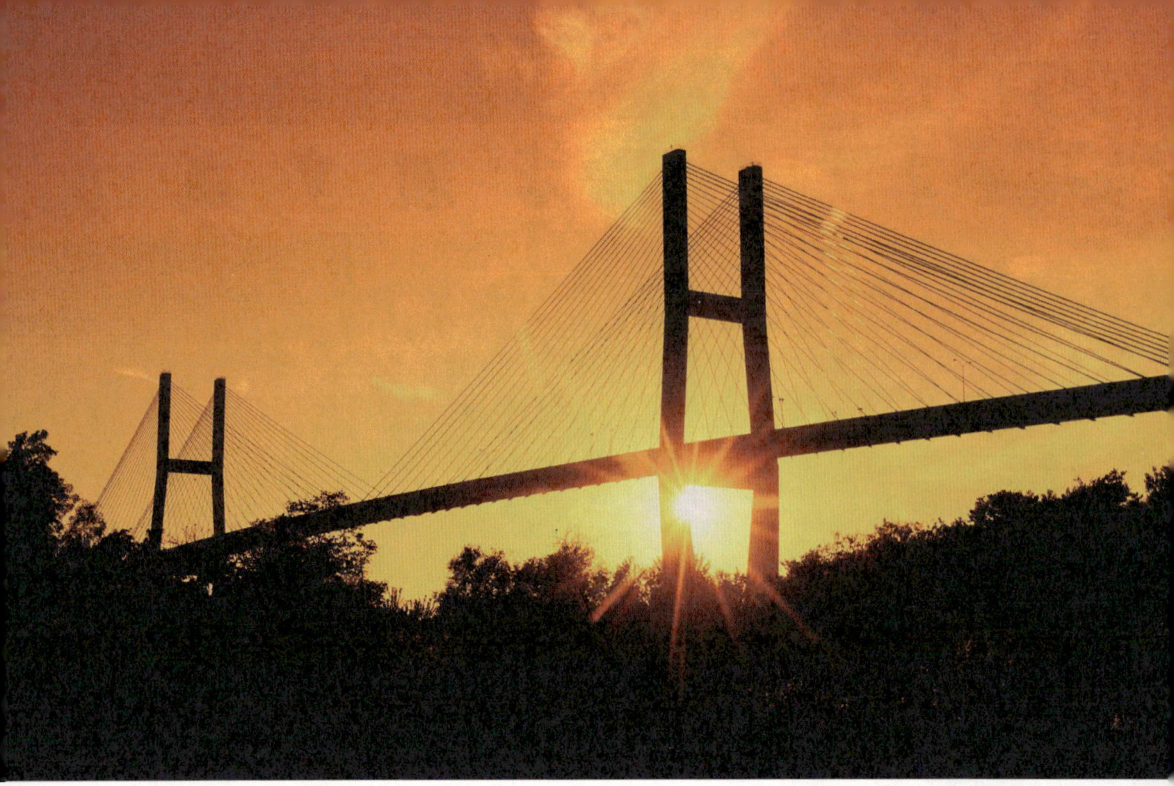

▲晚霞照映下的萨凡纳

Savannah

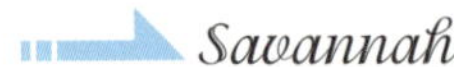

人生就像一盒巧克力糖——《阿甘正传》

萨凡纳

繁华落尽时，往事多倾城，谁又知道，自己究竟会有一段怎样的人生？福里斯特·甘出生的时候，谁都没有想过，这个先天有智力缺陷的男孩会以那样一种傻傻的方式在落落凡尘中开出一朵朵生命的甜蜜。

橄榄球巨星、乒乓球外交大使、渔业公司老总，生命的色彩在角色的不断转换间流转，阿甘傻傻的执着与漫漫的自强不息却从未改变。

“人生就像一颗巧克力糖，结果往往出人意料。”

“奇迹，每天都在发生。”

午后榕荫下，一片羽毛轻轻地飘落，萨凡纳街心公园的长椅上，一个满面尘霜、一脸安然的男子正和来来往往的有缘人诉说着他传奇的过往……

于是，《阿甘正传》在这一刻被永恒地定格，随之被定格的还有佐治亚州那充满了浪漫气息的历史名城——萨凡纳。

电影《阿甘正传》的开场，一枚白羽毛在天空中盘旋、飘落，落在一个风光秀美的城市，落在那个穿着白色西服、一脸正色的男人身边。他俯下身来捡起羽毛，将它夹在小皮箱里的画册中，开始和坐在旁边的陌生女人对话，不，是自言自语地讲述他自己的故事。

这座白羽毛飘落的城市，就是美国佐治亚州的萨凡纳。她濒临大西洋，与许多东海岸的大城市不远，但她却与附近的城镇不合群，处处显得不合时宜。她的历史与传说始终是萦绕在人们心中的一团迷雾，令人充满了好奇与向往。这是一座有故事的，散发着优雅的、成熟的、神秘的韵味的城市。

1731年，“安妮”号轮船从英国起航到达北美，萨凡纳因此开启方格的街道布局、罗马式的城市规划。城中花园遍布，园中有园，景中有景。这里的生活似乎和现实距离很远，镇上的人也对现代生活缺乏兴趣。

从表面上看，这是一个具有浓郁南方风情和众多历史遗迹的古老城市。但真正让萨凡纳蜚声全美国的，是流传民间的无数灵异故事。据说，没看过《天使和魔鬼的子夜花园》这本书的人，是无法理解萨凡纳的。书中充斥着神秘而怪异的人物和事件。诗人、巫婆、歌手、谋杀犯，人性的善良、阴暗、残暴、幽默等都在故事中穿插着，让这座绿茵茵的小城仿佛拥有真实的灵魂和无尽的张力。

这座有着天使羽毛一般洁净面孔的城市，也有着魔鬼般的气息。在萨凡纳的纪念品商店和书店里，有关鬼魂故事的书籍随处可见。在老城区，许多餐馆、旅店、酒吧都是由传说中的鬼屋改建而成，“那里曾经发生过鬼怪故事”成为吸引顾客的一大噱头。

事实上萨凡纳堪称是美国最浪漫的小城之一，这里的海港是南部最重要的港口，有着优美宁静的海湾

▲ 街头的糖果售卖机

▲ 街头的餐馆

▲ 福塞斯公园

度假地。沿萨凡纳河分布有很多酒吧和餐馆。每年的春天，整座小镇到处都是灯台树的花，雪白如银的花瓣飘在街头巷尾，飘到海边的岸上。

抛开那些幽魂鬼怪，坐在这里悠闲地赏花喝酒也是别有一番风味。萨凡纳人热爱过节，热爱聚会，热爱音乐。

萨凡纳的港口风光

Aba

灵魂没有翅膀，也可以去到任何地方——《尘埃落定》

阿坝

与众不同似乎始终都是一种“罪”，无论是太过聪慧，还是太过愚顽；无论是太过无颜，还是太过绝美。

在嘉绒部落里，麦其土司家傻呆呆的二少爷就是一个极与众不同的人物，他真的不太聪明，可正因为他傻，青青的麦苗才能在一片罂粟红的高原上倔强地成长，美丽的塔娜才深深地恋上了他。

是造化弄人？还是旧的一切原就注定了要崩塌？

谁知道呢。

或许，唯有当一切的一切“尘埃落定”，夏日的暖风吹落了卓克基的倾城，秋日的艳阳垂下了九寨的无瑕，在被誉为“中国版比萨斜塔”的直波碉楼下，我们才能相遇那始终都与众不同的阿坝吧。

▲阿坝人的生活场景

“阿坝”原本叫“阿娃”，藏语意为“阿里人居住”或者“阿里人开发的地区”。唐太宗贞观年间，赞普松赞干布武力攻陷松潘并以此为筹码向唐王朝求婚，吐蕃阿里地区的百姓沿路迁徙，在这里游牧耕作并开始定居繁衍，他们自称为“阿里娃”，简称“阿娃”，就是现在的“阿坝”。阿坝藏族羌族自治州（以下简称“阿坝”）地处四川省西北部，青藏高原东南缘，自古以来就是兵家必争之地，境内雪山雄伟壮丽，森林茂密绵延，草原宽广辽阔，江河纵横交错。

在长江与黄河上游的分水岭处，横卧的青藏高原随地势逐渐向四川盆地过渡，阿坝恰恰处于两者的交接点上。于是，阿坝既有横断山脉的高原地貌，与世界自然遗产九寨沟和黄龙风景区隔山相望；有壮阔的高山峡谷，岷江大峡谷自西向东来，流泉飞瀑穿行其间；又有四姑娘山风花雪月的诗情画意，有九曲黄河第一弯万马奔腾的粗犷激情；还有憨态可掬的大熊猫，世界罕见的“活化石”珙桐……好一片人间少见的静谧乐土。530条河流，540个湖泊，2980座山峦，藏灵山秀水于胸怀，蕴人文精神于心中，被世界旅游专家誉为“世界生态旅游最佳目的地”。

阿坝清晨的空气格外清新，站在曲折的盘山公路上，视野顿时变得开阔。高高耸立的雪山顶着四季不化的雪帽，山间云雾缭绕，如梦似幻，天地的界线在远方消失，单独的个人变得如此渺小。山脚下广袤的草原，东西走向的阿

▲阿坝牧民

曲河谷在这里伸了一个大懒腰，逐渐变得平坦和舒展，云卷云舒，倒映幽蓝幽蓝的湖面，堪比一曲天籁之音。千百座各式各样的藏式民居与神圣的寺庙建筑群错落有致，看似随意的构造，却自有一番韵味儿在里面。冬去春来，花开花落，浑然不知今夕是何年！

作为一个温暖家园，阿坝的历史格外悠久，早在远古新石器时代就有人类定居。那时的人们一年四季拖着牦牛帐房追赶时间，随季节变化而四处迁徙。一个名为“神座”的小村落是阿坝最为原始的村庄，集雪山、海子、草原、湿地和原始森林于一体。在千百年的悠悠岁月中，神座背靠阿坝草地，南依嘉绒山区，一直保留着原始的自然生态，至今几乎未经任何现代文明的浸染，至美至纯。

阿坝的宗教氛围极其浓厚，丝毫不逊于西藏。在这里，信教的人非常多，整个县城近乎一座宗教博物馆。唐朝时就有43座喇嘛庙，其中以格尔登寺最为壮观。到每年正月十四“晒大佛”的日子，成千上万名信众与喇嘛在此云集，烟雾透过阳光，和佛光一起四处弥漫。

在路上，随处可见的藏族群众，手里都摇着一个或大或小的转经轮。寺院里，长长的走廊上，转经人更是络绎不绝，无数五彩缤纷的转经轮日夜不休。从人们睁开蒙眬的睡眼，到暮色苍茫的夜晚，转经轮从不休止。一些年老的虔诚信徒甚至昼夜不停歇地念着《六字真言经》，对着昏黄的烛光一直转到天亮。或大或小的转经轮里，寄托着他们无限的希望：愿死者安宁，为生者祈福。

阿坝人常年生活在高山、草原和峡谷地貌的集合体上，农耕文化与游牧文化并存。勤劳智慧的阿坝藏羌人民，在艰苦的环境中创造出了丰富多彩的民俗风情、民族服饰，羌族刺绣更是精妙绝伦；锅庄舞，藏族、羌族山歌包罗万象；寺院、碉楼等文物、名刹不胜枚举。一石一木，一砖一瓦，无不浓缩和再现了藏族羌族先民的独特感悟和聪明智慧。

在阿坝，你永远处于享受和失意的矛盾中。阿坝阳光透明，河流清澈，但那却都不属于你。只能观看，而不能进入；只能感受，却无法拥有。这，就是阿坝，一个绝美的旅游王国。

阿坝美丽的草原

Taklimakan Desert

夕阳西下，楼兰空自繁华——《楼兰新娘》

塔克拉玛干沙漠

“黄沙漫漫太凄凉，远方死一般的山岗，支撑着半个太阳……啊楼兰新娘，我梦中的姑娘，你要去向何方……”一曲《楼兰新娘》，唱出了太多的怅惘，也唱出了太多的苍茫。

历史上的楼兰或许已在金乌沉落的地方独叹繁华，今日的楼兰却早凝成了一斛绝美的塔克拉玛干：流动的红白圣山张扬着神秘，千姿百态的风蚀蘑菇蔚为壮观，罗布泊的雾凇慨叹着冰雪的奇缘，叶尔羌河的流水冲刷着一点新绿，炎炎赤日蒸腾着大漠孤烟……瀚海阑干百丈冰，万里胡杨万里晴，与“死亡之海”邂逅，从来都是最别开生面的奇遇。

塔克拉玛干沙漠中行走的骆驼群

每次读到席慕蓉的《楼兰新娘》，心中总是翻涌起无数感怀。也许，在历史的尘埃中，楼兰是塔克拉玛干灵魂上的一滴泪，在辉煌了千年之后，再次谜样地失踪，化作茫茫戈壁滩上的一缕青烟，似乎将灵魂永久地封存。你听，古老西域途中，驼铃的声音还在叮叮当当，那片盐泽和荒原，至今仍有无数后人前来瞻仰。

塔克拉玛干，囊括了生与死的全部定义、神秘与诱惑的全部离奇。这里是生命禁区。

从敦煌伊始，走出玉门关，沿着古代丝绸之路不停向西行走，在一路渐行渐远中，尘世的浮华逐渐退去，内心中虔诚之心怦怦跳动。千年之后的今天，那一方神奇，终于得以真切地遇见。那一方繁荣，终于能够亲身地触摸。那茫茫的戈壁、无垠的荒漠，仿佛是一处灵魂的安息之所，无论是古村还是废墟，都是不朽的精神家园。

终于与塔克拉玛干正面相逢。

传说，很久以前，人们热切地渴盼着，如果能引来天山和昆仑山的雪水，或许能使干涸的塔里木盆地充满盎然生机。一位仁慈的

神仙被百姓的真诚深深打动，他有两件非凡的宝物，一件是把金斧，另一件是把金钥匙。他将金斧交到哈萨克族人的手中，用以劈开阿尔泰山，如此一来，清凉凉的雪水便能灌溉到这方盆地。他本想把金钥匙交给维吾尔族人，让他们用它来打开塔里木盆地中的宝藏。谁知神仙的小女儿玛格萨弄丢了钥匙，从此，盆地中央便成为今日的塔克拉玛干沙漠……

一路中，走过的是丝绸之路的旧址。曾几何时，这里遍是汉武帝下令修筑的驿道，所经之处，烽燧不绝。如今，那烽燧早已被风蚀，面目全非，融入神秘的雅丹。

终于走到罗布泊，眼前，便是在情愫中隐隐作痛的古楼兰王国的故地。面前的罗布泊，俨然变成一个干涸的湖盆，而昔日的美丽，从想象中径自溢出，依稀可见。

如今的罗布泊，形孤影单中，凄凉不再；在的，只有安详的姿态，在苍穹间，化作沙漠中最为坦荡的一种色泽，将思想凝结成晶。

绕过罗布泊，顺着干涸的孔雀河一路朝上追溯，在沙漠的东沿，那些散落着的如荒冢一般的废墟便是曾经的楼兰古城。

终于，终于在这样的时刻，现实与历史交会于一处。于时光而言，不过是不经意的一瞥，于我们，却是千年的守望与渴盼。古老的楼兰，像一阵风，吹起又散去，风过时交织的悲喜，扑朔而迷离。人们曾在丝绸之路上，停歇于

▼塔克拉玛干中的胡杨，是这片土地的不二风光。

此，然后各奔东西。这里曾有过的繁华，一如阳光洒下的金光。遥想楼兰盛世，遥想当年……

如今，那被风蚀的城池仍然巍然挺立于此。房舍、大殿、街衢……时至今日，仍让人感慨万千。恍惚中，楼兰人、安息人、中原人，交谈的声音，往来行走的声音，糅成一团。

最终，那一片繁荣，还是选择了无声地沉寂。一个古国，渐渐隐匿起踪影。

一片荒凉的戈壁滩，一片炙热无垠的沙漠，几多历史的残肢，在几经落寞后，绽放出明媚的笑容。那茫茫的色泽，仿佛天的尽头，无数史学家们流连其间，仿佛时刻探寻着诸多民族古老的伤口。

天地之间，时间与空间不停地交错开来。感受大漠的炙热之气，淡淡的悲恸中，虔诚逐渐散播开来。穿行其中，仿佛自己是一个苦行僧，期待着一种无声的蜕变，让被俗世浸染的灵魂找到至诚至纯的皈依之地。

一条路，连起中原和西域。塔克拉玛干大沙漠，在中国的历史上，无疑是一方厚重的领土，却时刻显出寂寞的姿态。

是谁的诗卷卷起无数盛唐的风沙，是谁的羌笛吹出两汉的史帙？一切皆是虚空，无论是风沙还是荒漠，皆变为虚空。唯有精神永恒，唯有命运的韵致永恒。

▼这是沙漠中的奇迹：树木葱翠、河流默流，还有美丽的风蚀岩风光。

▲敦煌壁画上的飞天图

▲洞窟内的佛像

任岁月剥去红装，无奈伤痕累累——《飞天》

敦煌

梦仿佛已越了千年，现实却只短短的一瞬间，透过斑驳苍灰的石壁，对话远古的天仙，翩跹的衣袂间，便只有《飞天》满眼。

“飞天”是敦煌最亮眼的地标，亦是西域最璀璨的符号。

春近阳关，碧草青青，塞下的孤烟袅娜了妖娆的红柳；月明瀚海，白沙如雪；残破的古城沧桑了岁月的长天；门外楼头，怅惘楼兰，鸣沙山的秋色里隐约有月牙弯弯。

飞天呢？在月牙的影子里吧？抑或在佛前。

禅窟塔柱连着朔漠，看拈花微笑的弥勒，而花瓣飘落的地方，辗转的不是烽烟，而是，一缕名为“莫高”的明艳。

是谁的步子，一路蹒跚；是谁的心中，沧桑一片；是谁的过往，战火硝烟；是谁的眼前，繁华未散？

敦煌，盛大辉煌。

古往今来，这里都是一片黄沙，大漠孤烟，长河落日。

祁连山从远处而来，又往远处而去，目睹了敦煌的传奇，枕着兵戈铁马睡去。罗布泊的浩瀚，连接着敦煌的西疆，把那些神秘，写得更加绵长久远。那些说不清的故事，道不明的传说，都在漫天的黄沙中，卷入罗布泊的远处。

谁还记得曾经在这片广袤的沙漠里横刀立马的战士？他们骑着骆驼，唱着悠长的战歌。羌笛声声呜咽，吹断了一个时代的梦魇。

当岁月的车轮碾碎历史的过往，敦煌迎来了汉时关隘，唯有此处的流沙还记得住当年屹立在戈壁上遥望故土的战士洒了怎样一捧思乡的泪。时过境迁，在一个个月明星稀的夜晚，回想历史，大漠之上仿佛依然传出厮杀声声，勇士的决斗和奋力呐喊，让每一个过往的人都在此处不禁泪洒潸然。

大漠里孤烟升腾而起，游人的心里闪过一阵凄凉和悲壮。古往今来的敦煌，怀抱了多少牺牲和守望，壮烈和悲怆？

只有驼铃依然如故，只有明月千古留存，只有敦煌，知道它曾经的辉煌和沧桑。

孤烟在晚霞里飞过，身披一道寂寥的光芒，消逝在远处。

历史在敦煌的土地上漫步，驻足，对着落日一声叹息，对着流沙明月泪流不断。然后，在这里雕刻下撼动世界的灿烂画卷，不说一句话，却饱含了对世人的慈悲，对战士的缅怀，和对佛祖的敬畏。

莫高窟的飞天，穷尽了这世上最美的颜色，漂亮的丝带、优雅的舞姿和美丽的笑脸，将这世界的美好

▲ 莫高窟九层楼外景

丝绸之路上如今仍旧响起阵阵驼铃

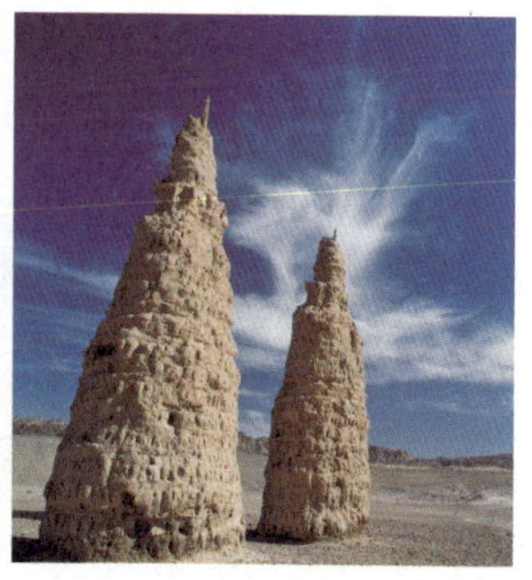

▲ 沙漠中的古建筑遗迹

表现到极致。千手观音的慈祥和宏丽，展现了敦煌无法比拟的过往。

每一个后来人，都在这里留下对佛的期冀。四千五百多平方米的画卷，一千多年的心愿，祈祷佛祖护佑这片被战火浸染、生灵涂炭的土地。不难想象，当莫高窟的壁画完全展现在世人面前时，那是怎样一种震撼。

踩在勇士们战斗过的土地上，和风一起奔跑，追逐远方的驼铃。历史跪倒在沙石里，它的双膝覆盖了千年的沉重，那些没有信守诺言春来还乡的战士，那些寂寥逝去、空留念想的少女……都在这辽阔的大漠深处，用古老的狼烟，诠释了历史的怆然。

敦煌的岁月、记忆和时光一样漫长，长到驼队跨出西凉，长到大漠长风吹散了离殇，长到兜兜转转的时光，淡去了前世的模样。

鸣沙山的石子是否记得，当年谁的家书传到了玉门关，当年谁东望故园路漫漫？又是谁在马上相逢没有纸笔，所以凭君传语报一声平安？是谁放胆醉卧沙场，还吟咏着“古来征战几人回”？

所以鸣沙山夜夜悲歌，想为不归之人奏一曲战歌，引得春风来度玉门关。那冲天的厮杀呐喊，不绝的战火硝烟，在鸣沙山心里成了一首催人泪下的史诗，而离人的泪，汇成了这眼月牙泉。

月牙泉自古如旧，从未干涸。苍茫戈壁的长风，吹了上万年，吹干了花草，吹干了白骨，却没吹干这月牙泉。离人的泪，世世代代洒落，荡漾着不灭的思念。

月牙泉守着鸣沙山，夜夜听它的悲鸣，又怎能止得住泪流？

是夜，残月如钩。那是怎样的牵念，过了千年岁月，依旧不泯、不灭、不消、不散？

阳关之外，早已没有故人的身影，若有酒，就在此饮上一杯。西出阳关，从此孑然一身，空留思念无人比邻。这里洒过多少相思的泪水，碎了多少离别的酒杯。流沙堆不住过往，只能硬生生掩埋思念，风干眼泪，梦断离魂。雪白的长纱飘在沙丘上，残阳照出一个悲怆

骑骆驼穿行沙漠的游客

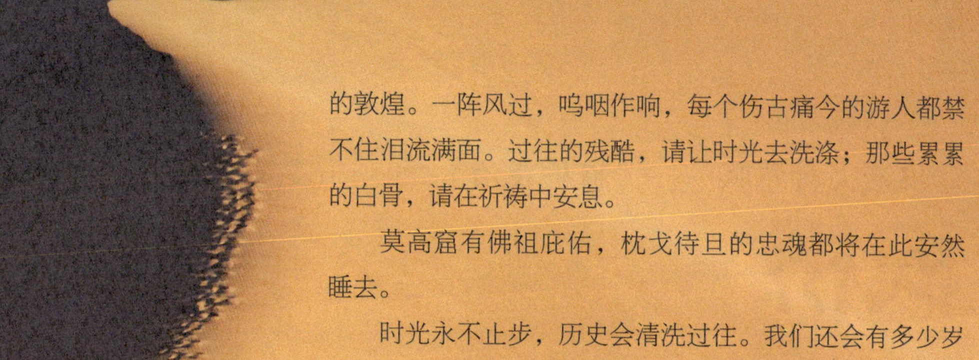

的敦煌。一阵风过，呜咽作响，每个伤古痛今的游人都禁不住泪流满面。过往的残酷，请让时光去洗涤；那些累累的白骨，请在祈祷中安息。

莫高窟有佛祖庇佑，枕戈待旦的忠魂都将在此安然睡去。

时光永不止步，历史会清洗过往。我们还会有多少岁月怀念这里的死亡，我们还会有多少心情赤着脚站在沙漠里祈祷？

无论何年何月，驼铃都一声一声响过，风卷着流沙抚平了驼队的脚印，却掩不住声声驼铃，阵阵战歌，年年感怀。那些英魂将在壁画的精髓中得以流传，得以护佑，得以祭奠。

玉门关外，敦煌的盛大，永世流传。

Fengqiao

江枫渔火对愁眠——《枫桥夜泊》

枫桥

冉冉渔火漫溯着盛唐，《枫桥夜泊》歌咏着衷肠，自张继走笔春秋将那流岚赞颂，苏州的暮烟秋雨中便多了一种情怀，叫枫桥。

月落乌啼霜满天，江枫渔火对愁眠。

姑苏城外寒山寺，夜半钟声到客船。

桥下渔舟没有灯火，远天的微光却淡漠着惆怅，江南画桥三百余，隔着青天，却唯有枫桥畔才能再聆一声乌啼。于是，铁铃雄关上，绿萝黛瓦悠扬了丝竹；寒山古寺里，青灯木佛常伴沉重；悠悠夜色里，轻舟客船终于还是载走了愁绪。于是，便唯余站在桥上的我们，目光迷离。

枫桥有被称为“五古”的五处历史古迹，分别是寒山古寺、江枫古桥、铁铃古关、枫桥古镇和古运河。这古香古韵的“五古”，就像它们的名字一样，仿佛把人们带回到了那遥远的年代，感受到了历史脉搏跳动的韵律。枫桥古镇，是枫桥旁的一个古老的小镇，这里民风淳朴，风情独特，古香古色。由于枫桥横跨上塘运河，车马行人往来比较频繁，这一小小的古镇也便随之繁华和热闹起来。

枫桥的美在于气质，它犹如一弯皎洁的新月横跨河水之上。它的曲线是那么柔和，韵律是那么和谐，优美而又多姿，安详而又静谧。枫桥的美，还在于它深厚的文化底蕴。自从张继写了《枫桥夜泊》之后，吟咏枫桥的诗篇便不计

其数，例如唐代诗人张祜的《枫桥》，也是广为传诵的一首佳作。

如今的枫桥，在岁月质感中，带给人们的不仅是行走往来的便利，而且还有很多美好的回忆。千百年来，凡是来苏州旅游的人，都要到枫桥来追寻一下枫桥的诗情画意，感受一下当年张继在《枫桥夜泊》中所体会到的那一份宇宙的空旷与寂寥。

▲ **枫桥的秋天**

深秋，满墙干枯的枝丫使建筑物显得更加古朴。

▼ **枫桥**

其实枫桥只是江南常见的单拱石桥，相传因这里是水陆交通要地，一入夜就封锁，故名“封桥”。后因张继诗而易名“枫桥”。

▲ 水墨南屏

Nanping

压抑只会让感情更强烈——《卧虎藏龙》

南屏

落雨听蝉，千山踏遍，百巷村天青色的烟雨里常氤氲着灰瓦白墙的烂漫；

皖月融融，万水迤逦，叶家祠烈火般的红叶却飘落了半春园幽幽的青萝。

或许，因为一部《卧虎藏龙》而恋上一个地方，真的只是一时冲动，但当碎金般的阳光洒落雄远镖局的峥嵘；当潺潺的流水蜿蜒了玉娇龙的婀娜；当琅琅的书声惊动了檐上双燕、庭间修竹；当奎光堂的清幽与叙秩堂的雍容碰撞于艳阳；当……却才发现，原来，南屏竟静好如斯，原来，有的时候，冲动也是一种幸福。

南屏的小路，石块大小不一，高低不平，踩在上面，略微硌脚。虽然游客不算少，但村子还是挺安静、挺本色的，也没有被过度商业化地开发、污染。

大家怎么也不会想到，进村的路居然要从一家小院中通过，而且院子里还住着人。一进院子，那藤蔓交错、枝叶缠绕着的石墙，院墙一角那围着喝茶谈天时用的美人靠，院中央矮矮的石桌，光洁的石板地，那干净整洁的回廊都足以把游人深深地吸引。站在院子里，想象着，要是石桌上再放两杯冒着热气的茶该多好啊！

出了农家小院的后院，就来到一条街上，街面非常宽敞，正对面的一幢写着“叶氏支祠”四个大字的老宅子。这个祠堂气势恢宏，几十根立柱都是用银杏木做成，庄严肃穆，还散发着阵阵香气。看着木质的大太师椅，想象着当年族长召集会议的情景，神态不自觉就会庄重肃穆起来。

走出宗祠，七扭八拐地走在石板路上，这才体会到南屏为什么会有“古巷迷宫”之称。无数条古巷纵横交错在深宅高墙内，曲曲拐拐，没有尽头。深巷幽极静极，光线也暗，只见去路不见来路，也难见人影，站在巷子里连多余的声音都听不到。若是晚上来，怕是只能听见自己皮鞋叩响润亮的青石板而发出的悠长足音。唯有早上的太阳悬挂在重檐上，连绵起伏的鱼鳞瓦被铺上厚厚一层迷人的光晕，阳光间或从巷顶上洒落下来时，古巷才增添了些许生动的色彩。

“老杨家染坊”，也是不得不去的一个地方，染坊的气势不比宗祠差，大厅很宽敞，只有三个方方正正的染布池，一架高高的晒布台和几件叫不上名字的织染工具，一切都静止在时空中。面对眼前的一切，会有一股要合上大门，把喧嚣和尘世统统关在外面的冲动，以便能静心地享受一个暂时属于自己的世界。染坊里的布匹，粗质的纹理掩不住岁月的痕迹，悬挂着的染布飘飘舞动，仿佛有个灵魂在轻声述说。木墙上挂着电影《菊豆》的海报，望着巩俐哀怨的面庞，似乎看到了那个年轻俊秀的姑娘在这染房中度过的灰暗日子，听到了她窒息般的喘息。

站在村中的最高点“孝思楼”上，放眼远山，青山沐浴在暖暖的太阳里，青紫色的薄雾在山峦间飘荡，远处田野里荡漾着悠扬的牧笛声，近处的草地上，母鸡带领她的孩子们认真地觅食。真想就这样站着，或是唱着牧歌，和伙伴一起去放羊。

▲南屏，依山环水，风光秀丽，景色优美。众多的祠堂、民宅、书院、神坛寺庙、亭阁园林及36眼古井泉组成了宏大的明清徽派建筑群；纵横交错、拐弯抹角的72条古深巷形成了神奇的乡村“迷宫”，充满了浓郁的传统文化氛围。

附录

春风十里，不如一个爱旅行的你，目的地不够100个，请看这里！

香港迪士尼乐园

位置：中国香港
特色：香港迪士尼乐园是首个根据加州迪士尼为蓝本的主题乐园，同时融入了香港文化特色，还有一些专为香港设计的游乐设施。

上海迪士尼乐园

位置：中国上海
特色：上海迪士尼乐园是中国大陆第一个迪士尼主题乐园，园内的创极速光轮是全球迪士尼主题乐园中首创的景点。

东京迪士尼海洋

位置：日本东京
特色：东京迪士尼海洋全球迪士尼主题乐园中一一个以海洋为主题的乐园。

温莎乐高乐园

位置：英国温莎
特色：乐园中有一座工作人员历时3年用乐高建构的迷你城，其中有迷你伦敦、圣保罗大教堂、伦敦塔等。

卢浮宫

位置：法国巴黎
特色：卢浮三宝：《蒙娜丽莎》《断臂维纳斯》《胜利女神》。

大英博物馆

位置：英国伦敦
特色：馆内收藏有世界各地的文物和珍品八百多万件，藏品数量和种类的丰富为世界博物馆所罕见。

圣诞老人村

位置：芬兰拉普兰
特色：在世界极北极寒之地看极光。可以扮演小精灵为圣诞老人准备新年烤饼。

奥兰多环球影城

位置：美国奥兰多
特色：环球影城的哈利·波特城堡是以小说《哈利·波特》为主题的主题乐园，城堡中的一切为主题的都按照小说和电影的场景进行还原。

好莱坞环球影城

位置：美国洛杉矶
特色：可以随时看到身着戏服的卡通形象与游人合影拍照。

大都会博物馆

位置：美国纽约
特色：看埃及神庙，观摩美国殖民地时期的建筑和珍贵的中国瓷器。

美国自然历史博物馆

位置：美国纽约
特色：这里堪称自然生物爱好者的天堂，里面有大量的标本和化石。而且这里还有世界上最大的天文馆之一——海登天文馆。

波士顿剑桥城

位置：美国波士顿
特色：体验名校风采，感受其中氛围，游览名校风光，了解名人事迹。

附录

故宫

位置： 中国北京
特色： 北京故宫是中国明清两代的皇家宫殿，旧称为紫禁城，位于北京中轴线的中心，是中国古代宫廷建筑之精华，也是世界上现存规模最大、保存最为完整的木质结构古建筑之一。

白洋淀

位置： 中国河北
特色： 白洋淀风景区由一百多个大小淀泊组成，其中白洋淀最大。

响沙湾

位置： 中国内蒙古
特色： 响沙湾因沙子会歌而得名，是集观光与闲度假为一体的特大型合型沙漠休闲景区。

葡萄沟

位置： 中国新疆
特色： 葡萄沟是火焰山下的一处峡谷，因盛产葡萄而得名，是避暑、观光胜地。

天山天池

位置： 中国新疆
特色： 天山天池湖面海拔1910米，湖滨云杉环绕，雪峰辉映，非常壮观，为避暑和旅游胜地。

喀纳斯景区

位置： 中国新疆
特色： 喀纳斯景区是集冰川、湖泊、森林、草原、牧场、河流、民族风情、珍稀动植物于一体的综合景区，被誉为“东方瑞士”“摄影师天堂”。

茅山

位置：中国江苏
特色：茅山是道教上清派的发源地，被道家称为“上清宗坛”。茅山也是中国六大山区抗日根据地之一。

徽州古城

位置：中国安徽
特色：徽州古城始建于秦朝，是保存完好的中国四大古城之一。

分界洲岛

位置：中国海南
特色：这座浮在南海上的美丽岛屿，有明亮的海沙、湛蓝的大海、热带原始岛屿特有的地貌，以及稀有的海洋生物资源。

月牙泉

位置：中国甘肃
特色：鸣沙山和月牙泉是大漠戈壁中一对孪生姐妹，“山以灵而故鸣，水以神而益秀”。

天山大峡谷

位置：中国新疆
特色：天山大峡谷囊括了除沙漠以外的新疆所有自然景观，是游牧文化的活博物馆。

科孚岛

位置：希腊克基拉州
特色：浓郁的蓝色海水，纯白的沙滩和远离尘世的安静，这里是可以私藏的美景。

附录

冰岛

位置：北大西洋中
特色：火山与冰川在这里相遇，奏响现实版的“冰与火之歌”。

关岛

位置：西太平洋马里亚纳群岛最南端，美国海外属地
特色：关岛有情侣渴望的一切，美丽的杜梦湾，浪漫的彩虹教堂。

留尼汪

位置：印度洋西部马斯林群岛，法国海外属地
特色：福尔奈斯火山东侧有一条火山喷发后留的熔岩隧道，每个发现穴并且勇敢探索的游客都可以在隧道尽头刻下己的名字。

科罗拉多大峡谷

位置：美国亚利桑那州
特色：科罗拉多大峡谷的西缘还保留着当年印第安人生活的印记。现场有印第安人手工艺术品展示，还有骑马项目，让游客可以体验当年印第安人在马背上的狂野豪放。

大金字塔

位置：埃及开罗
特色：刻满岁月风霜痕迹的是狮身人面像，经历了千年风雨仍然巍然兀立，守卫着法老的秘密。

雅典卫城

位置：希腊雅典
特色：帕特农神庙对于黄金分割的运用简直出神入化，它还打破了希腊神庙正面立6根柱子的传统习惯，大胆地采用了8根多立克柱子。

帕劳

位置：西太平洋加罗林群岛中
特色：在“上帝的水族箱”，享受世界上最舒爽的潜水之旅，还有什么不满足？

桑给巴尔

位置：坦桑尼亚
特色：闻到丁香的香气时，就能想起桑给巴尔这个世界上最香的小岛。

热浪岛

位置：马来西亚
特色：那一片白沙，那一海碧浪永远在等你。

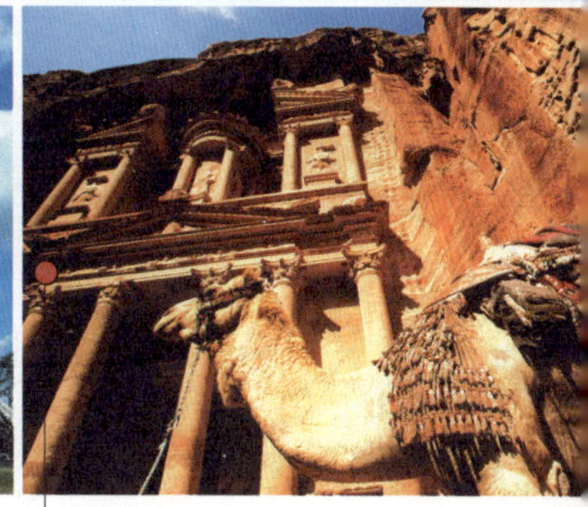

梵蒂冈

位置：意大利罗马西北角
特色：梵蒂冈的圣彼得广场被誉为世界上最对称、最壮丽的广场，是17世纪著名建筑大师贝尔尼尼花了11年时间建成的杰作。

奇琴伊察

位置：墨西哥尤卡坦州
特色：奇琴伊察最高的建筑是库若尔甘金字塔，总高29米。金字塔的设计显示了玛雅人掌握有非常丰富的天文学知识，令人震惊。

佩特拉

位置：约旦安曼
特色：佩特拉的迷人之处除了它悠长的峡谷、绚丽的岩石色彩和美轮美奂的古典建筑遗存，更因它传奇般的历史让人感叹不已。

附录

吴哥

位置： 柬埔寨暹粒
特色： 巴戎寺是吴哥城的佛教中心，这里共有54座四面佛塔，每座塔的四面都是一张微笑的巨脸，共216张，每张都高达4米，低垂眼眸，嘴角微翘，一副似笑非笑、高深莫测的样子。

希腊

位置： 巴尔干半岛南端
特色： 希腊人崇尚慢生活，从政府部门到街边小贩，一天的工作时间只有四五个小时，到了周六甚至一过中午就关门歇业。在希腊人的理念里，赚钱只是为了享受而不是为了生存。

乔戈里峰

位置： 中国新疆
特色： 乔戈里峰的大本
坐落在一个大冰川上，
个用碎石搭建的宫殿。
北大营到顶峰，垂直落
有4700米。

腾冲

位置： 中国云南
特色： 拥有较大的温泉群80余处，其中10个温泉群的水温达90℃以上，山谷间到处都可以看到热泉眼在呼呼喷涌，昼夜翻滚沸腾，四季热气蒸腾。

四姑娘山

位置： 中国四川
特色： 每年的7、8月是四姑娘山的最佳旅行季节，这时草甸上繁花点点，一条条花带横卧在草甸和山坡上。如果幸运，还能看到在树林、山岩间时隐时现的佛光。

长江三峡

位置： 中国重庆、湖北
特色： 长江三峡中的
一条大支流大宁河，
源于陕西省平利县，
重庆巫溪、巫山两县
注入长江。大宁河是
条美不胜收的河流。

梅里雪山

位置：中国云南、西藏

特色：梅里雪山是一个庞大的雪山群，其中最为险峻奇秀的有13座，俗称“太子十三峰”。当屹立于群峰之上的卡格博峰映入眼帘时，可以尽观奇特的冰蚀地貌之美。

雅鲁藏布大峡谷

位置：中国西藏

特色：“雅鲁藏布大峡谷秀甲天下”：山秀、水秀、树秀、草秀、云秀、雾秀、兽秀、鸟秀、蝶秀、鱼秀、人秀、村秀……

神农溪

位置：中国湖北

特色：神农溪两岸的崖壁上散布着古栈遗迹，半山腰上还残留着古代巴人和僚人的崖葬悬棺，还有土家先民居住的洞穴。

怒江大峡谷

国家：中国云南

特色：此处是怒江傈僳族自治州最大的高山平地和最富庶的地方。这里满眼都是平展展的梯田，三面环山。峡谷深处，它天堂般的美丽和神秘被誉为现实版的世外桃源。

苍山洱海

位置：中国云南

特色：苍山由19座山峰由北向南组成，积雪终年不消。洱海位于苍山东麓，是一个风光明媚的淡水湖泊，自古便被称为群山间的“无瑕美玉”。

亚龙湾

位置：中国海南

特色：亚龙湾热带天堂森林公园的红霞岭峰顶上有一组酷似弥勒佛祖的天然巨石，“怀中”的歪脖子树如同龙头拐杖。附近的村民将此奉为山神。

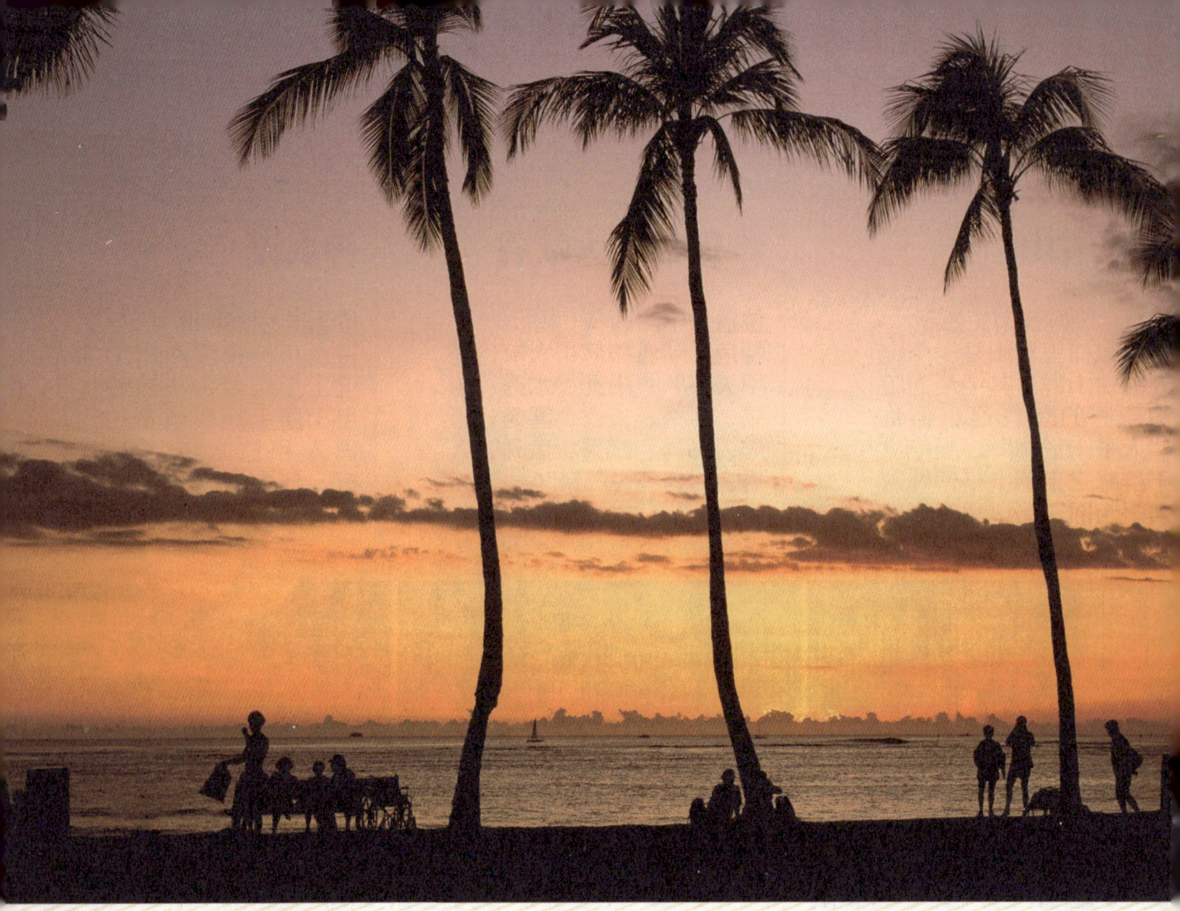

图说天下 国家地理系列

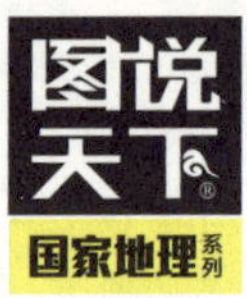

人少景美的100个小资旅行地

选题策划：陈丽辉
文稿撰写：李　妍
文字编辑：卢雅凝
美术编辑：刘晓东
图片提供：视觉中国
北京全景视觉图片有限公司